北大版对外汉语教材·基础教程系列

苑良珍 张艳华 编著

新阶梯 NEW STEP
——中级汉语教程
Intensive Reading Course of Intermediate Chinese

上

北京大学出版社
PEKING UNIVERSITY PRESS

图书在版编目(CIP)数据

新阶梯：中级汉语教程·上/苑良珍，张艳华编著. —北京：北京大学出版社，2006.6

（北大版对外汉语教材·基础教程系列）

ISBN 978-7-301-07958-4

Ⅰ. 新… Ⅱ. ①苑… ②张… Ⅲ. 汉语－对外汉语教学－教材 Ⅳ. H195.4

中国版本图书馆CIP数据核字（2006）第052458号

书　　　　名：	新阶梯——中级汉语教程·上
著作责任者：	苑良珍　张艳华　编著
责 任 编 辑：	欧慧英
标 准 书 号：	ISBN 978-7-301-07958-4/H·1216
出 版 发 行：	北京大学出版社
地　　　　址：	北京市海淀区成府路205号　100871
网　　　　址：	http://www.pup.cn
电　　　　话：	邮购部 62752015　发行部 62750672　编辑部 62752028　出版部 62754962
电 子 信 箱：	zpup@pup.pku.edu.cn
印　刷　者：	北京大学印刷厂
经　销　者：	新华书店
	787毫米×1092毫米　　16开本　　16.75印张　　410千字
	2006年6月第1版　　2019年2月第5次印刷
定　　　价：	45.00元（含1张MP3）

未经许可，不得以任何方式复制或抄袭本书之部分或全部内容。

版权所有，翻版必究　举报电话：010-62752024
　　　　　　　　　　　电子信箱：fd@pup.pku.edu.cn

编写说明

一、本书是为中级汉语学习阶段的外国留学生所编写的教材,也可供具有中级汉语水平的外国汉语学习者使用。

二、本教材以培养和提高学生运用汉语进行交际的综合能力为宗旨,力求科学性、实用性和趣味性并重。

1. 题材丰富,所选课文注重交际文化,在使外国学生了解当代中国人的价值观念、是非标准、社会习俗、思维方式以及心理状态的同时,尤其注重培养他们得体地运用汉语进行交际的能力。课文形式多样,既有叙事性的故事,也有对中国传统文化的介绍说明,还有语言活泼的会话体裁。

2. 体现了汉语教学语法的阶段性与系统性。教材中出现的语法点,严格依照国家汉办《高等学校外国留学生汉语教学大纲(长期进修)》中有关中级阶段语法项目的范畴和规定并加以精选,本着横向由浅入深、循序渐进,纵向逐层深化、循环递进的原则予以科学的编排;语法现象的描写、说明,力求确切、严谨、简明。

3. 课文中的词汇,也按照国家汉办颁布的词汇大纲的要求进行筛选而有所增删,并有计划地编排词语在不同语境中的复现,以巩固学生对词语的记忆,加深对词义的领会。

4. 精心设计了丰富多彩的练习。为帮助外国留学生及早了解并熟悉HSK,提高应试能力,每课练习中均专门安排了与HSK题型相同或接近的训练内容。此外,教材为每课的重点语法项目、语言结构及表达方式一一编写了练习,逐项进行训练。每课的常用词语则安排了形式多样的综合练习。另外,为及时检验教学效果,方便学生复习与巩固所学重点,还专门设计了单元练习题。

5. 每课正文后另附一篇难易程度相当、内容相类似并能复现正文词语的阅读文章,以期在巩固词语、运用词语和扩大词汇量方面对学生有所帮助。

三、本教材部分材料选自报刊,但大都根据教学需要做了改动。由于时间久远,出处已难以查寻,故没能标明。在此特向原作者表示我们的歉意及谢忱并欢迎与我们联系!

四、本教材分上、中、下三册,可供学生一年半至两年内使用。

编 者

目 录

第1课　我的新学校　1
词语 New words /3
语法 Grammar /4
　一、结构助词"的"
　二、存现句
　三、"不但……而且……"格式
练习 Exercises /7
阅读与思考 Reading and thinking　我的朋友 /10

第2课　爬山与健康　11
词语 New words /13
语法 Grammar /14
　一、语气助词"了"（用在句末）
　二、"如果……就……"格式
　三、"既……又……"格式
练习 Exercises /16
阅读与思考 Reading and thinking　保持快乐心境 /20

第3课　成语故事两则　21
词语 New words /23
语法 Grammar /24
　一、结果补语
　二、动态助词"了"
练习 Exercises /26
阅读与思考 Reading and thinking　粥店的故事 /31

单元练习一　32

第4课　祝你生日快乐　37
词语 New words /39
语法 Grammar /40
　一、动态助词"着"
　二、"越来越……"格式
　三、"原来"的意思与用法
练习 Exercises /42
阅读与思考 Reading and thinking　话说送礼 /46

1

| 第5课 | 春节漫话 | 47 |

词语 New words /49
语法 Grammar /50
 一、"是……的"的几种意义
 二、"是"表示强调
 三、"除了……以外"格式
练习 Exercises /53
阅读与思考 Reading and thinking 中国的传统节日 /57

| 第6课 | 忌　讳 | 59 |

词语 New words /61
语法 Grammar /63
 一、程度补语
 二、状态补语
 三、结构助词"得"
 四、"对（于）……来说"格式
练习 Exercises /65
阅读与思考 Reading and thinking "金利来"是怎么来的？/70

单元练习二   71

| 第7课 | 游 孔 庙 | 77 |

词语 New words /79
语法 Grammar /81
 一、动态助词"过"
 二、数量补语（1）
 三、结构助词"地"
练习 Exercises /83
阅读与思考 Reading and thinking 历史名城曲阜 /87

| 第8课 | "感谢"停电 | 89 |

词语 New words /91
语法 Grammar /92
 一、形容词重叠
 二、"不管（无论/不论）……，都（也）……"格式
 三、"刚（刚）……就……"格式
练习 Exercises /94
阅读与思考 Reading and thinking 电视要变成"狼外婆"？/98

目 录

第9课　说说名字　99
　　词语　New words /101
　　语法　Grammar /102
　　　　一、能愿动词
　　　　二、兼语句
　　　　三、副词"尽管"
　　练习　Exercises /105
　　阅读与思考　Reading and thinking　不要读错人家的姓 /109

　单元练习三　　111

第10课　金婚纪念　115
　　词语　New words /117
　　语法　Grammar /118
　　　　一、"把"字句（1）
　　　　二、副词"并"
　　　　三、"尽管……但是/可是……"格式
　　练习　Exercises /120
　　阅读与思考　Reading and thinking　妈妈喜欢吃鱼头 /123

第11课　中国的绘画和书法　125
　　词语　New words /127
　　语法　Grammar /129
　　　　一、简单趋向补语
　　　　二、"好"字的几种意义和用法
　　练习　Exercises /131
　　阅读与思考　Reading and thinking　今年是牛年 /135

第12课　善待大自然　137
　　词语　New words /139
　　语法　Grammar /140
　　　　一、复合趋向补语
　　　　二、"一……就……"格式
　　　　三、副词"却"
　　练习　Exercises /142
　　阅读与思考　Reading and thinking　母亲河——黄河 /146

　单元练习四　　147

第13课　检验爱情　　　　　　　　　151

词语　New words /153
语法　Grammar /154
　　一、可能补语
　　二、复合趋向补语"下来"的引申用法
　　三、副词"简直"
练习　Exercises /157
阅读与思考　Reading and thinking　夜归 /161

第14课　再试一试，好吗？　　　　163

词语　New words /165
语法　Grammar /167
　　一、动词重叠
　　二、"连……也（都）……"格式
　　三、副词"几乎"
练习　Exercises /168
阅读与思考　Reading and thinking　妈妈的爱 /173

第15课　高校里的"考研大军"　　　175

词语　New words /177
语法　Grammar /178
　　一、量词、名词的重叠
　　二、数量词的重叠
　　三、"越……越……"格式
练习　Exercises /180
阅读与思考　Reading and thinking　大学生打工 /184

（单元练习五）　　　　　　　　　　　186

第16课　不灭的灯光　　　　　　　　191

词语　New words /193
语法　Grammar /194
　　一、用"比"表示比较的句子
　　二、数量补语（2）
　　三、数量补语（3）
练习　Exercises /197
阅读与思考　Reading and thinking　理不完的纱线 /201

目 录

第17课　　香港名称的由来　　203

    词语 New words /205

    语法 Grammar /206

        一、"被"字句

        二、动词"不如"表示比较

        三、复合趋向补语"起来"的引申用法

    练习 Exercises /209

    阅读与思考 Reading and thinking　香港概况 /213

第18课　　锁　　215

    词语 New words /217

    语法 Grammar /218

        一、"把"字句（2）

        二、双重否定

        三、"非（要）……不可"格式

    练习 Exercises /220

    阅读与思考 Reading and thinking　重逢 /225

单元练习六　　227

生词总表　　232

单元练习参考答案　　254

第1课

WO DE XIN XUEXIAO

我的新学校

我的新学校

我是八月二十九日来中国的。我首先到了北京,参观了北京的很多名胜古迹。九月初,我到了我的新学校。在新学校,老师、工作人员和早到的同学热情地迎接了我。

我的新学校很大,也很漂亮。校园里有几座教学楼和办公楼,老师和学生们在那儿工作和学习。校园中心还有一个大图书馆,里面有各种书籍、杂志和报纸,老师和学生们可以在那儿借阅书和杂志等。图书馆前种着许多树和花草,晚饭后,人们经常在那儿散步。

我住的留学生楼里有许多房间,楼下还有一个小卖部,里面卖各种食品和饮料。宿舍楼的每个房间里都安了电话,打电话很方便。

学校门口有一个邮局,在那儿人们不但可以寄平信、挂号信和包裹,而且可以寄特快专递。邮局旁边有一家银行,在那儿我们可以存款、取款,还可以兑换货币。

在新学校里,我认识了不少新同学,他们来自世界各地。我还交了几个朋友,其中也有中国朋友。他们不但关心我,而且还经常在学习和生活上帮助我。虽然我现在还不太熟悉我的新学校,不太习惯我的新生活,但是我很快就会习惯的。

现在,我已经买了几本新汉语课本、一本汉语词典,还准备再去买几本写汉字的练习本。我只学过半年的汉语,听汉语和说汉语的水平都不高,我一定要向水平高的同学学习,上课认真听老师讲的内容,下课复习学过的生词和课文,平时多听多说。我相信,我的汉语水平一定能提高得很快。

我喜欢我的新学校,喜欢我的新朋友,也喜欢这里的生活。

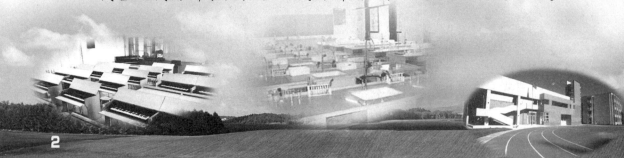

第1课　我的新学校

词语 New words

1. 首先	shǒuxiān	（副）	at first
2. 参观	cānguān	（动）	to visit
3. 名胜古迹	míngshèng gǔjì		scenic spots and historical sites
4. 初	chū	（名）	at the beginning of
5. 热情	rèqíng	（形）	warm
6. 迎接	yíngjiē	（动）	to meet; to welcome
7. 漂亮	piàoliang	（形）	beautiful
8. 座	zuò	（量）	*a measure word*
9. 教学	jiāoxué	（动）	to teach; teaching
10. 办公	bàngōng	（动）	to do office work
11. 书籍	shūjí	（名）	books
12. 借	jiè	（动）	to borrow
13. 阅	yuè	（动）	to read
14. 种	zhòng	（动）	to plant
15. 散步	sànbù	（动）	to go for a walk
16. 饮料	yǐnliào	（名）	drink
17. 安	ān	（动）	to fix
18. 方便	fāngbiàn	（形）	convenient
19. 不但……而且……	búdàn…érqiě…	（连）	not only...but also...
20. 寄	jì	（动）	to post
21. 平信	píngxìn	（名）	ordinary letter
22. 挂号信	guàhàoxìn	（名）	registered letter
23. 包裹	bāoguǒ	（名）	parcel
24. 特快专递	tèkuài zhuāndì		express special mail
25. 家	jiā	（量）	*a measure word*
26. 存 (款)	cún (kuǎn)	（动）	to deposit (money)
27. 取 (款)	qǔ (kuǎn)	（动）	to draw (money)
28. 兑换	duìhuàn	（动）	to exchange
29. 货币	huòbì	（名）	currency

30. 自	zì	（介）	from
31. 交	jiāo	（动）	to make (friends)
32. 其中	qízhōng	（名）	among; in
33. 关心	guānxīn	（动）	to care for
34. 熟悉	shúxī	（动）	to know well
35. 习惯	xíguàn	（动）	to get used to
36. 内容	nèiróng	（名）	content

语法 Grammar

一、结构助词"的"

The structural particle "的"

结构助词"的"是用来连接定语和中心语的，用法如下：

The structural particle "的" is used to connect the attributive and what it qualifies. Its usages are as follows:

1. 名词做定语表示它所修饰的中心词语的性质时，名词后一般不加"的"。名词做定语表示与它所修饰的词语有领属关系时，一般要加"的"。例如：

When a noun, as an attributive, is used to show the nature or character of what it qualifies, it needn't take after it the structural particle "的". When a noun as an attributive is used to show the possessive relation between it and what it qualifies, it usually takes after it the structural particle "的". For example:

(1) 这是汉语书，那是英文词典。
(2) 房间里有两张木头桌子。
(3) 老师的书放在桌子上。
(4) 校园里到处是花的香味。

2. 单音节形容词做定语，后边一般不加"的"。双音节或多音节形容词做定语，后边一般要加"的"，少数在习惯上也可不加"的"。例如：

If an adjective used as an attributive is a monosyllable, it needn't take after it the structural particle "的". If an adjective used as an attributive is a disyllable or with more syllables, it usually

第 1 课　我的新学校

takes after it the structural particle "的". Sometimes "的" after a disyllable-adjective can be omitted. For example:

（1）安娜是我的好朋友。

（2）他是位有名的教授。

（3）他是个老实（的）人。

3. 人称代词做定语，后边要加"的"。如果它所修饰的中心词是表示国家、集团、机关或亲属名称的词，后边可以不加"的"。如果人称代词后还有指示代词"这"、"那"或表示时间、处所的词充任定语时，则人称代词与此类定语中间不再加"的"。例如：

When a personal pronoun is used as an attributive, it usually takes after it the structural particle "的". If the word qualified by the personal pronoun is the one that shows the meaning of country, group, organ or relatives, the personal pronoun needn't take "的" after it. If the demonstrative pronoun "这" or "那", or the word showing time or place is used as an attributive after the personal pronoun, "的" can be omitted between the personal pronoun and such kind of attributives. For example:

（1）这是我的钢笔，那是你的铅笔。

（2）我妈妈是大夫。

（3）你们学校大不大？

（4）你这件衣服是在哪儿买的？

（5）他在北京上学的儿子回来了。

（6）你去年的学习成绩怎么样？

4. 动词、动词结构、介词结构及主谓结构等做定语，后边一定要加结构助词"的"。例如：

When a verb, verbal construction, prepositional construction or subject-predicate construction is used as an attributive, it must take after it the structural particle "的". For example:

（1）我们都是学习汉语的留学生。

（2）我要向水平高的同学学习。

（3）请谈谈你对这个问题的看法。

（4）这是我昨天刚买的杂志。

二、存现句

The sentence showing existence, emergence or disappearance

表示人或事物存在、出现或消失的动词谓语句叫存现句。句中的动词说明人或事物在某处、某时以什么状态存在、出现或消失。这种句子的动词除少数外("是/有"),一般动词后都有其他成分,如"了"、"着"或补语等。宾语一般不能是单个名词,前面往往有数量词或其他定语。宾语一般是不确指的。其句式为:

处所名词/时间名词 + 动词 + 表示人或事物的名词

The sentence with a verb as its predicate which tells the existence, emergence or disappearance of a person or thing is known as a sentence showing existence, emergence or disappearance. The verb of such a sentence tells the existence, emergence or disappearance of a person or thing at a certain place or time and in a certain state or manner. Except in some very special cases("有/是"), there are some other elements such as "了","着" or a complement after the verb. The person or thing that exists, appears or disappears after the verb is indefinite, as a rule. The form of such a sentence is as follows:

Position word /time word + verb + the noun which denotes a person or a thing

(1) 教室里有很多学生。
(2) 墙上挂着两张地图,地图旁边是一张画儿。
(3) 饭店门口开过来几辆汽车。
(4) 昨天来了一位新同学。

三、"不但……而且……"格式

The construction "不但……而且……"

"不但……而且……"结构表示递进关系。"不但"和"而且"后边可以是谓语形容词、谓语动词、动宾结构和主谓结构。有时还可以把"不但"和"而且"分别放在两个分句前边来强调两个分句间的递进关系。例如:

The construction "不但……而且……" is used to show an increase or progression. They can be followed by predicate adjectives, predicate verbs, verb-object construction or subject-predicate construction. Sometimes "不但" and "而且" can be put at the head of two clauses for emphasis. For example:

(1) 这本词典不但便宜,而且实用。
(2) 在大学里他不但学习汉语,而且学习书法。
(3) 我朋友不但口语好,而且听力也很好。
(4) 不但我喜欢我的新学校,而且我的朋友们也喜欢。

第 1 课　我的新学校

练习 Exercises

一、根据课文回答问题：
Answer the questions according to the text:

（1）你的新学校里有什么？新学校附近有什么？
（2）你在什么地方住？那里面有什么？
（3）你在新学校的生活怎么样？
（4）你买汉语书和词典了吗？还准备买什么？
（5）你学过多长时间汉语？你的汉语水平怎么样？

二、把括号中的词语填入合适的位置：
Put the words given in the brackets in a proper place:

（1）休息 A 时候，他 B 常常听 C 音乐 D。（的）
（2）他很 A 喜欢看电视，B 我 C 很喜欢 D 看电视。（也）
（3）这个问题我还不明白，A 希望 B 你能给我 C 讲一次 D。（再）
（4）他不但学习成绩 A 好，B 在其他方面 C 表现得也 D 很好。（而且）
（5）虽然我学习很忙，A 我 B 每个星期 C 都给家里 D 写信。（但是）
（6）A 这种水果真好吃，B 我 C 想 D 吃一个。（还）
（7）他认识 A 新 B 朋友是中国 C 人 D。（的）
（8）妈妈，我 A 那件 B 毛衣 C 放到 D 哪儿了？（蓝色的）
（9）我们班 A 有二十个学生，B 有 C 五个 D 男生。（其中）
（10）A 大家 B 说，C 你做的 D 菜很好吃。（都）

三、在下列句子的适当位置加上结构助词"的"：
Put the structural particle "的" in a proper place in each of the following sentences:

（1）你借给我那本书我还没看。
（2）那个用汉语跟中国学生谈话留学生是我朋友。
（3）上个月底到中国来留学生已经开始上课了。
（4）打算去参观同学，请举起手来。
（5）我很喜欢读他写小说。

四、按正确词序把下列词语组成句子：
Make sentences with each of the following groups of words and phrases:

(1) 下午　去　今天　运动场　很多　看球赛的　人
(2) 寄包裹的　邮局　去　是　那个学生　我们班的
(3) 那个人　握手的　跟　是　他　我朋友
(4) 我　上衣　买的　那件　漂亮　非常
(5) 翻译的　他　句子　难　很　那个

五、请在短文中的适当地方加上结构助词"的"：
Put the structural particle "的" in a proper place of the following text:

　　昨天我去看了一位朋友，他是我新交中国朋友。朋友爸爸是一位有名医生，妈妈在他家附近一个学校当老师。朋友带我参观了他房间，还给我看了他新买书。朋友妈妈给我们做了许多好吃饭菜，晚饭后我们还看了一个有意思电视剧。我在朋友家过了一个愉快周末。

六、用下列词语组成存现句：
Make sentences showing existence, emergence or disappearance with the following words and phrases:

(1) 摆着　　　桌子上　　许多花儿
(2) 很多学生　站着　　　树下边
(3) 开过来　　一辆小汽车　那边
(4) 两架飞机　天上　　　飞过去
(5) 来了　　　家里　　　三位客人

七、用存现句格式和下列词语描述一下自己教室或房间的情况：
Describe your room or classroom with the form of sentence, showing existence, emergence or disappearance and the given words:

(1) 桌子　椅子　中国地图　世界地图　黑板　画儿　汉语书　词典
(2) 床　书桌　椅子　电视机　收音机　书架　汉语书　外文书　花儿

第 1 课 我的新学校

八、用"不但"或"而且"加上括号中所给的词语完成句子：
Complete the sentences with "不但" or "而且" and the given words:

(1) 这个饭店的饭菜不但便宜，_____。（好吃）
(2) 在邮局 _____，而且可以寄包裹。（寄信）
(3) 我朋友不但会说汉语，_____。（很好）
(4) 这里的夏天 _____，而且很干燥。（热）
(5) 他不但会唱英文歌儿，_____。（中文歌儿）
(6) 我弟弟 _____，而且喜欢打球。（看球赛）
(7) 不但她在中国学习汉语，_____。（她妹妹）
(8) _____ 有留学生，而且别的大学也有留学生。（我们学校）

九、用副词"还"完成下列句子：
Complete the sentences with the adverb "还":

(1) 我的电脑坏了，_____。
(2) 已经十二点了，_____。
(3) 他问的问题很好，你们 _____ 吗？
(4) 那本书我看过一遍了，如果有时间，我 _____。
(5) 秋天快要到了，但是天气 _____。

十、选词填空：
Fill in the blanks, choosing a proper word:

| 来自 | 兑换 | 借阅 | 习惯 | 熟悉 | 提高 | 寄 | 交 | 安 | 取 |

(1) 老师和学生们可以在图书馆 _____ 书籍和杂志。
(2) 妈妈给我寄来一个包裹，我现在就去邮局 _____。
(3) 你的房间里 _____ 着电话吗？
(4) 他从昆明给我 _____ 来一张漂亮的明信片。
(5) 我把美元 _____ 成了人民币。
(6) 我在中国已经 _____ 了好几个朋友了。
(7) 用筷子吃饭，你 _____ 吗？
(8) 你 _____ 这个学校的汉语教学情况吗？
(9) 我希望更快地 _____ 我的汉语水平。
(10) 我们班的同学 _____ 世界各地。

阅读与思考
Reading and thinking

我的朋友

瑞克是我最好的朋友。虽然我们的性格不太一样,但我们相处得很好。我来中国的时候,他到机场去送我,还给我买了我最喜欢的礼物。

我跟瑞克是中学时的同学。他是个学习很努力的学生,每门课的成绩都很好。我们生活上互相关心,学习上互相帮助。

我很想念我的好朋友,来中国不久我就给他写了一封信。在信中我给瑞克介绍了中国的情况,介绍了我的新学校的情况和我在这里的生活,我还把来中国以后照的照片寄给了瑞克,让他看看中国的风光、中国的建筑和我们学校的样子。

我知道瑞克对东方文化,特别是对中国的传统文化很感兴趣,他也很喜欢游览名胜古迹。我建议瑞克早一点儿到中国来。那时候,我们就又可以在一起了。我相信,等我们再见面的时候,我一定能讲一口流利的汉语,也许还能做点儿中国风味的菜招待他呢。

思考题:
Answer the questions
(1)"我"的朋友是一个什么样的人?
(2)"我"在信中给瑞克介绍了什么?
(3)瑞克对什么感兴趣?
(4)"我"建议瑞克做什么?

词语 New words

1. 相处 xiāngchǔ (动) to get along with sb.
2. 机场 jīchǎng (名) airport
3. 礼物 lǐwù (名) gift
4. 成绩 chéngjì (名) result
5. 互相 hùxiāng (副) each other
6. 想念 xiǎngniàn (动) to miss
7. 封 fēng (量) a measure word
8. 建筑 jiànzhù (名、动) structure; to build
9. 感兴趣 gǎnxìngqù (动) to be interested in
10. 游览 yóulǎn (动) to visit
11. 建议 jiànyì (动) to suggest
12. 流利 liúlì (形) fluent
13. 招待 zhāodài (动) to entertain

专名 Proper names

瑞克 Ruìkè name of a person

第 2 课

PASHAN YU JIANKANG

爬山与健康

爬山与健康

相传古时候有一位老翁，整天坐在家里没有事情做。一次，他觉得有点儿不舒服，就卧床不起了。家里先后请了几位大夫给他治病，都说他的病不严重。但是那位老翁不但不想吃饭，而且觉也睡不好，人也瘦了。

一天，家里又为老翁请来了一位医生。那位医生仔细地给老翁看了病，然后对他说："我有一个祖传秘方，如果你能按照这个方子做，就一定可以治好你的病。"老翁很想治好自己的病，就同意了。医生说："每天太阳出来以前你要上山采一种草药，拿回家用水熬，每天早晨和晚上都要喝一次。如果药是长在高的地方的，效果就会更好。你要亲自去采，如果别人代替你去采，就会没有效果。"说完，那位医生就走了。

起初，家人只能扶着老翁去采一点儿长在山脚下的草药。过了一段时间，他逐渐能到比较高的地方采了。又过了一些时间，老翁体力增加了很多，爬到山顶一点儿也不觉得困难了。他每天既能吃，又能睡，病全好了。老翁去向那位医生道谢的时候，医生笑着说："你不用谢我，要谢就谢那座大山吧。"老翁不明白他的意思。医生解释说："如果我叫你每天去爬山，你一定不会按照我的话去

第 2 课　爬山与健康

做，因此只好开了这么一个有趣的药方。"

　　这个故事说明，爬山对人的身体有很大的好处。现代医学专家曾经测量过山区和城市中同龄人的心肺功能，发现山区人的心肺功能比城里人的好。爬山是一种全身运动，既可以强身健体，又能观看风景，怪不得有人说爬山是登上健康的高峰。

词语 New words

1. 相传　　xiāngchuán　　（动）　　according to legend
2. 翁　　　wēng　　　　　（名）　　old man
3. 舒服　　shūfu　　　　　（形）　　comfortable; well
4. 卧　　　wò　　　　　　（动）　　to lie
5. 先后　　xiānhòu　　　　（副）　　successively
6. 治 (病)　zhì (bìng)　　　（动）　　to make a diagnosis and give treatment
7. 严重　　yánzhòng　　　（形）　　serious
8. 瘦　　　shòu　　　　　（形）　　thin
9. 仔细　　zǐxì　　　　　　（形）　　careful
10. 祖传　　zǔchuán　　　（动）　　handed down from one's ancestors
11. 秘方　　mìfāng　　　　（名）　　secret recipe
12. 如果　　rúguǒ　　　　（连）　　if
13. 按照　　ànzhào　　　　（介）　　according to
14. 采　　　cǎi　　　　　　（动）　　to pick
15. 草药　　cǎoyào　　　　（名）　　medicinal herbs
16. 熬　　　áo　　　　　　（动）　　to decoct
17. 效果　　xiàoguǒ　　　　（名）　　effect
18. 亲自　　qīnzì　　　　　（副）　　personally
19. 代替　　dàitì　　　　　（动）　　to take the place of
20. 扶　　　fú　　　　　　（动）　　to support sb. by arm

21. 山脚	shānjiǎo	（名）	foot of mountain
22. 段	duǎn	（量）	*a measure word* (period; section)
23. 逐渐	zhújiàn	（副）	gradually
24. 增加	zēngjiā	（动）	to increase
25. 既……又……	jì…yòu…	（连）	both...and; as well as
26. 解释	jiěshì	（动）	to explain
27. 有趣	yǒuqù	（形）	interesting
28. 说明	shuōmíng	（动）	to show; to explain
29. 好处	hǎochu	（名）	benefit
30. 曾经	céngjīng	（副）	ever; once
31. 测量	cèliáng	（动）	to determine
32. 肺	fèi	（名）	lung
33. 功能	gōngnéng	（名）	function
34. 观看	guānkàn	（动）	to enjoy
35. 怪不得	guàibude	（副）	so that's why
36. 登	dēng	（动）	to climb

语法 Grammar

一、语气助词"了"（用在句末）

The modal particle "了" (used at the end of a sentence)

1. 用于一般动词谓语句，表示肯定的语气，肯定某件事或某种情况已经发生。这种句子的否定形式是在动词前加"没有"或"没"，不用"了"。表示尚未开始或尚未完成的动作，有时用"还没（有）……呢"。"呢"是语气助词。例如：

It is put at the end of a sentence with a verb as its predicate to assert that something or certain state of affairs has already taken place. The negative form of this kind of sentence is made by adding the adverb "没有" or "没" before the verb and "了" is omitted. Sometimes the construction "还……没（有）呢" is used to show that an action has not begun or finished. "呢" is also a modal particle. For example:

（1）下雨了，快进来吧。

第 2 课　爬山与健康

(2) A：星期天你去大明湖了吗?
　　 B：星期天我没（有）去大明湖。
(3) A：你吃午饭了吗?
　　 B：还没（有）呢。

2. 用于名词谓语句、形容词谓语句、"是"字句、"有"字句，或动词前有能愿动词、否定词"不"的动词谓语句，也可直接用于表示时间、季节、年龄或数量的词语后，表示已经发生变化。例如：

"了" is used at the end of either a sentence with a noun as its predicate, a sentence with an adjective as its predicate, a "是" sentence or a "有" sentence or a sentence with a verb as its predicate, in which the verb is preceded by either an optative verb or the negative word"不" to show a change. For example:

(1) 秋天了，天气凉快了。
(2) 他现在不是学生了，是老师了。
(3) 学生们都有课本了。
(4) 我能用汉语表达自己的意思了。
(5) 今天晚上我不看书了，我想休息一下。
(6) 我二十四岁了。

3. "要……了"的格式表示一个动作或情况很快就要发生。"要"的前边还可加上"就"或"快"，表示时间紧迫。"快要……了"还可省略为"快……了"。"就要……了"前边还可加上时间状语。例如：

The construction "要……了" is used to show that an action or a situation is going to take place soon. "要" means "will" or "to be going to". The adverb "就" or "快" can be added before "要" to show imminence. "快要……了" may be simplified into "快……了" and "就要……了" can be qualified by an adverbial adjunct of time. For example:

(1) 天气要冷了。
(2) 天快（要）下雨了，咱们快点走吧!
(3) 飞机九点就要起飞了。

二、"如果……就……"格式

　　The construction "如果……就……"

"如果……就……"格式用于假设复句中。"如果"分句引出假设条件，常用"就"引出结果。表示假设的条件如果实现，结果就会达到。"如果"在口

语中可替换为"要是",有时也可只用"要"。例如:

The construction "如果……就……" is used in complex conditional sentence. The clause of "如果" indicates the supposed condition and the clause of "就" shows the result. Such kind of sentence shows that if the condition realizes, the result can be achieved. In spoken Chinese "如果" can be replaced by "要是" and can be replaced only by "要" as well. For example:

(1) 如果明天下雨,我们就不去爬山了。
(2) 要是你想学好汉语,就要多说多听。
(3) 要(是)饿了,你就先吃吧。

三、"既……又……"格式

The construction "既……又……"

"既……又……"格式表示同时具有两个方面的性质或情况,连接两个动词结构或形容词结构,后一部分表示进一步补充说明,"又"还可用"也"代替。例如:

The construction "既……又……" means "both…and…" and is used to join two parallel verbal or adjective construction, indicating that two states of affairs or two qualities exist simultaneously and the second part of sentence indicates supplementary explanation. "又" can be replaced by "也". For example:

(1) 她既聪明又漂亮。
(2) 学习汉语,既要练习听和说,又要练习读和写。
(3) 他既是我的老师,也是我的朋友。
(4) 我既不懂汉语,又不懂日语。
(5) 他既没有钢笔,也没有铅笔。

练习 Exercises

一、根据课文回答问题:

Answer the questions according to the text:

(1) 那位老翁的病严重不严重?他自己感觉怎么样?
(2) 那位大夫给老翁开了一个什么药方?
(3) 老翁按照那位医生的药方做了吗?他是怎么做的?他的病好了没有?

第 2 课　爬山与健康

(4) 老翁去向那位医生道谢时，医生让他做什么？为什么？
(5) 爬山有什么好处？

二、把括号中的词语填入合适的位置：
Put the words given in the brackets in a proper place:

(1) 要是你 A 喜欢这本书，B 我 C 送给你 D。（就）
(2) 我今天 A 不舒服 B，C 大概 D 是感冒了吧。（有点儿）
(3) A 我很长时间 B 没有看见他，C 他 D 到上海去了。（怪不得）
(4) 飞机是明天早上六点的，A 你 B 一定要 C 早 D 起床。（一点儿）
(5) 明天是妈妈的生日，A 我 B 买了 C 一件毛衣 D 和一盒生日蛋糕。
　　　　　　　　　　　　　　　　　　　　　　　　　　　　（给她）
(6) 在老师和朋友的 A 帮助下，B 我的学习成绩 C 提高了 D。（逐渐）
(7) 他 A 不但日语和 B 英语说得好，C 汉语水平 D 很高。（也）
(8) A 这几年 B 那位作家 C 写了 D 几部小说。（先后）
(9) A 到中国以后，B 我 C 提高了 D 汉语水平，又了解了中国文化。（既）
(10) 他 A 今年夏天 B 和爸爸 C 一起 D 回家乡。（没有）

三、把下列肯定句改为否定句，把否定句改为肯定句：
Change the following affirmative sentences into negative ones and vice versa:

(1) 昨天晚上他去看足球比赛了。
(2) 她没有发烧，能上课。
(3) 今天早上我喝茶了，没喝咖啡。
(4) 星期天我们去大明湖了，没去千佛山。
(5) 我没看英文电影，我看中文电影了。

四、对下列问题做否定回答：
Answer the following questions in the negative form:

(1) 今天的课文录音你听了吗？
(2) 你已经习惯这里的生活了吗？
(3) 你去图书馆借书了吗？
(4) 昨天晚上你看电视了没有？
(5) 你大学毕业了没有？

五、用"要……了"、"快要……了"或"就要……了"和括号中所给词语完成对话：

Complete the following dialogues with "要……了"、"快……了" or "就要……了" and the given words:

例 Example:

A：咱们去打篮球吧？（下雨）

B：天要下雨了（天快要下雨了／天就要下雨了），别去了。

(1) 现在几点了？我想去小卖部。（关门）

(2) 咱们再听一会儿音乐，好吗？（上课）

(3) 今天天气怎么样？咱们去爬山吧？（下雪）

(4) 我想去北京旅游，你看怎么样？（放假）

(5) 你陪我去散散步，可以吗？（睡觉）

六、用"如果／要是／要"或"就"完成下列句子：

Complete the sentences using "如果" or "就"：

(1) 你如果累了，_____。

(2) _____，就马上告诉我。

(3) _____，你的汉语水平就一定能提高。

(4) 要是明天我有时间，_____。

(5) 你要不想参加那个晚会，_____。

(6) 你要是喜欢这件衣服，_____。

七、用"既……又（也）……"和括号中的词语完成句子：

Complete the sentences with "既……又（也）……" and the words given in the brackets:

(1) 爬山是一种很好的运动，_____。（锻炼　观看）

(2) 刚来中国的时候，我_____。（说　写）

(3) 在晚会上，大家_____。（唱歌　跳舞）

(4) 我很喜欢旅行，_____。（学习　了解）

(5) 这件衣服_____，我很想买。（便宜　好看）

八、用"一点儿也不（没）"完成对话：

Complete the following dialogues with "一点儿也不（没）"：

第 2 课　爬山与健康

(1) A：办出国手续很麻烦吧?
    B：不，_____。
(2) A：我觉得今天老师讲的内容很难，你觉得怎么样?
    B：_____。
(3) A：那家饭馆的菜很好吃吧?
    B：不，不但_____，而且还很贵。
(4) A：你不饿吗? 怎么还不吃饭?
    B：_____，写完作业再吃吧。
(5) A：昨天上了一天的课，是不是觉得很累?
    B：没有，我_____。
(6) A：你的作业做完了吗?
    B：没有，_____。

九、用"怪不得"完成句子：
Complete the sentences with "怪不得"：

(1) 外边在下雪，_____。
(2) _____，原来今天是他的生日。
(3) 这个词你们没学过，_____。
(4) 他的自行车丢了，_____。
(5) 他是刚来的新同学，_____。
(6) 那种药的效果特别好，_____。

十、判断下列句子的正误：
Judge which sentence is right and which is wrong:

(1) 他身体不舒服，昨天没有来上课了。(　)
(2) 刚才飞过去三架飞机。(　)
(3) 树下坐着几个学生，旁边还站着一位老师。(　)
(4) 他爱吃南方菜，也我爱吃。(　)
(5) 如果明天天气不好，就咱们呆在家里看电视。(　)
(6) 那位老人每天坚持锻炼，因此他的身体越来越好了。(　)
(7) 他既学习好，又身体强壮。(　)
(8) 上个星期我很忙，因此没有给父母打电话了。(　)

阅读与思考
Reading and thinking

保持快乐心境

《禅海珍言》中有一个小故事,说京都南禅寺附近住着一个老太太,她有一个绰号,叫"哭婆"。下雨了,她哭;天晴了,她也哭。她每天都发愁,不但吃不下饭,而且也睡不着觉,身体很不好。

一天,南禅寺的一个和尚问她:"你怎么总是哭呢?"老太太边哭边回答说:"我有两个女儿,大女儿嫁给了卖鞋的,小女儿嫁给了卖雨伞的。天晴了,我想到小女儿的伞一定卖不出去;下雨了,我又想到大女儿的鞋一定没人买。我怎么能不伤心呢?"

和尚劝她:"天晴时,你应该去想大女儿的鞋店一定生意兴隆;下雨的时候,你该想到小女儿的伞一定卖得很快。"老太太听后,破涕为笑。从此,她的生活内容虽然没变,但是她的心境完全变了,她也由"哭婆"变成了"笑婆",既能吃,又能睡了。

中国有句古话说"病从心上起",还有句谚语说"笑一笑,少一少;恼一恼,老一老",这些话和上边的小故事讲的是同一个道理。如果你用乐观的态度观察生活、对待生活,就能有健康的身心,就能享受生活的快乐。

思考题:
Answer the questions
(1) 那位老太太怎样从"哭婆"变成了"笑婆"?
(2) 这个小故事告诉我们一个什么道理?

词语 New words

1. 保持	bǎochí	(动)	to keep	8. 兴隆	xīnglóng	(形)	brisk	
2. 心境	xīnjìng	(名)	state of mind	9. 破涕为笑	pò tì wéi xiào		to smile through tears	
3. 绰号	chuòhào	(名)	nickname	10. 谚语	yànyǔ	(名)	proverb	
4. 发愁	fāchóu	(动)	to worry about	11. 乐观	lèguān	(形)	optimistic	
5. 和尚	héshang	(名)	Buddhist monk	12. 态度	tàidu	(名)	attitude	
6. 总是	zǒngshì	(副)	always	13. 观察	guānchá	(动)	to observe	
7. 嫁	jià	(动)	to marry	14. 享受	xiǎngshòu	(动)	to enjoy	

第 3 课

CHENGYU GUSHI LIANGZE

成语故事两则

（一）画蛇添足

古代有一家楚国人，用酒菜祭祀完了祖宗以后，就把酒留给办事人员喝。办事人员很多，仅仅一壶酒，到底给谁喝呢？有人提议，每人在地上画一条蛇，谁先画完，谁就喝酒。大家都同意这个办法。

有一个人画得很快，一会儿他就画好了一条蛇。他回头看了看别的人，他们都还没有画完。他就左手拿着酒壶，右手拿着一根树枝，得意洋洋地说："你们画得真慢啊！我再给蛇画上几只脚吧！"

在他画蛇脚的时候，另一个人已经画完了蛇。那个人夺去酒壶，说："蛇是没有脚的，你给它画上了脚，它还是蛇吗？第一个画好蛇的人是我，不是你！"那人说完，就喝光了壶里的酒。

（二）自相矛盾

古时候，有一个人既卖矛又卖盾。他经常在大街上大声地叫卖："我的盾呀，非常坚硬，没有什么矛能刺穿它！"说完，又夸他的矛说："我的矛呀，十分锋利，什么盾它都能刺穿！"站在旁边的人听到他的话，都暗暗发笑。有一个人问他："你的矛是最锋利的，什么盾都能刺进去；你的盾又是这么坚硬，什么矛也不能刺穿它。那么，用你的矛来刺你的盾，结果会怎么样呢？"

那人的脸一下子变红了，不知道应该怎么回答。

第3课　成语故事两则

词语 New words

1. 成语　　　chéngyǔ　　　　（名）　　idiom
2. 则　　　　zé　　　　　　　（量）　　*a measure word*
3. 蛇　　　　shé　　　　　　　（名）　　snake
4. 添　　　　tiān　　　　　　（动）　　to add
5. 足　　　　zú　　　　　　　（名）　　foot
6. 祭祀　　　jìsì　　　　　　（动）　　to offer sacrifice to ancestry
7. 祖宗　　　zǔzōng　　　　　（名）　　ancestry; forefathers
8. 仅仅　　　jǐnjǐn　　　　　（副）　　only
9. 壶　　　　hú　　　　　　　（名）　　*noun*
10. 到底　　　dàodǐ　　　　　（副）　　after all; on earth
11. 提议　　　tíyì　　　　　　（动）　　to suggest
12. 条　　　　tiáo　　　　　　（量）　　*a measure word*
13. 根　　　　gēn　　　　　　（量）　　*a measure word*
14. 树枝　　　shùzhī　　　　　（名）　　branch
15. 得意洋洋　déyì yángyáng　　　　　　jauntiness
16. 只　　　　zhī　　　　　　（量）　　*a measure word*
17. 另　　　　lìng　　　　　　（形）　　other; another
18. 夺　　　　duó　　　　　　（动）　　to take by force
19. 光　　　　guāng　　　　　（形）　　nothing left
20. 矛　　　　máo　　　　　　（名）　　spear
21. 盾　　　　dùn　　　　　　（名）　　shield
22. 叫卖　　　jiàomài　　　　（动）　　to huckster
23. 坚硬　　　jiānyìng　　　　（形）　　hard; strong
24. 刺　　　　cì　　　　　　　（动）　　to stab; to prick
25. 夸　　　　kuā　　　　　　（动）　　to overstate; to praise
26. 锋利　　　fēnglì　　　　　（形）　　sharp
27. 暗暗　　　àn'àn　　　　　（副）　　secretly
28. 发笑　　　fāxiào　　　　　（动）　　to laugh
29. 结果　　　jiéguǒ　　　　　（名）　　result
30. 变　　　　biàn　　　　　　（动）　　to change

专名 Proper names

楚国　　Chǔguó　　　　　the Chu State

语法 Grammar

一、结果补语

The complement of result

（一）结果补语用来说明动作的结果，一般只有动词或形容词可以充任结果补语。结果补语与动词结合得很紧，它所构成的动补结构很像一个词。如果句中有宾语或动态助词"了"，应放在结果补语的后边。结果补语的否定形式一般是在动词前加"没(有)"。例如：

The complement of result is used to tell the result of an action and usually only verbs and adjectives can act as such complement. Such complement of result is often very closely integrated with the predicate verb to form a verb-complement construction which looks like one word. If there is an object or aspect particle "了" in the sentence, it must be put after the complement of result. The negative form of such complement is to add "没（有）" before the verb. For example:

(1) 这个字你读错了。
(2) 我擦干净了桌子，准备做功课。
(3) 你的话我听懂了。
(4) 我没听清楚你的话，请再说一遍。

（二）动词"给"和"上"做结果补语所表示的意义

The meaning of the verbs "给" and "上" as the complement of result

1. 动词"给"表示施事者通过动作把某一事物交付于某人或某团体。例如：

The verb "给", as a complement of result, shows that someone gives or hands over something to someone else or a collective. For example:

(1) 我照了很多照片，打算明天寄给爸爸妈妈。
(2) 他把学费交给了学校。
(3) 他向我借钱，我没借给他。

第3课 成语故事两则

2. 动词"上"用于动词后作结果补语表示通过动作使某事物存在或附着于某处，也可表示达到不容易达到的目的或结果。例如：

As a complement of result, the verb "上" indicates that something stays at a certain place or becomes attached to something else through an action. It can also indicate that one has attained a goal which is hard to attain or that a result has been attained. For example:

（1）弟弟考上了北京大学。
（2）他终于买上了新车。
（3）最近他交上了一个新朋友。
（4）他爱上了那位姑娘。

二、动态助词"了"

The aspect particle "了"

动态助词"了"跟在动词或动补结构后，表示动作的完成。

The aspect particle "了" is used within a sentence after a verb or a verb-complement construction to show the completion of an action.

1. 动词的宾语前面有数量词或其他定语时，句末一般不再加"了"。例如：

The object after verb is preceded by a number-measure word or other attributive and there isn't "了" at the end of sentence. For example:

（1）上星期我看了一个很有意思的电影。
（2）我在邮局里买了十个信封和二十张邮票。

2. 如果宾语简单，后边必须另有分句或别的动词。例如：

If it is a simple one, the object must be followed by another clause or verb. For example:

（1）他吃了饭就去上课。
（2）我买了票，就跟朋友一起上了火车。

3. 如果宾语简单，动词后边又无别的动词或分句，在句末加上语气助词"了"。例如：

The modal particle "了" can also be used at the end of the sentence if the object is a simple one. For example:

（1）她写了作业了。
（2）学生们买了课本了。

4. 动词前有较为复杂的状语，宾语也可以是简单的。例如：

The object may also be a simple one if the verb is preceded by a complicated adverbial adjunct. For example:

（1）星期日我和朋友一起去了大明湖。

（2）同学们一块儿在公园里照了相。

5. 动态助词"了"表示动作的完成可用于过去、现在或者将来的时间。发生在过去的动作如果是经常性的或不需要说明动作已经完成的，动词后可不加"了"。例如：

The aspect particle "了" may be used in the past, present and future time when it shows completion of an action. When a past action is a habitual one or there is no need to emphasize its completion, no "了" is used after the verb. For example:

（1）昨天我买了三张飞机票。

（2）明天早上我见了他，就告诉他这个消息。

（3）每天早上我洗了脸就吃早饭。

（4）以前我常去那个商店买东西。

带动态助词"了"的句子的否定形式是在动词前加"没"或者"没有"，去掉"了"。例如：

The negative form of a sentence with the aspect particle "了" is made by adding "没" or "没有" before the verb and dropping "了". For example:

（1）A：你吃了早饭了吗？

B：我没（有）吃早饭。（还没有呢。）

（2）A：你买了几本汉语书？

B：我没（有）买汉语书。

练习 Exercises

一、根据课文回答问题：

Answer the questions according to the text:

（1）有人提议谁应该喝那壶酒？

（2）最先画完蛇的那个人又做了什么？他得到那壶酒了吗？为什么？

第 3 课　成语故事两则

(3) 那个既卖矛又卖盾的人是怎样夸他的矛和盾的？

(4) 有一个人问了他一个什么问题？他回答出来了吗？

二、选择合适的词语填空：

Fill in the blanks, choosing a proper word:

(1) 他说得很快，我没有听 ____ 他的话。
　　　a. 得懂　　　b. 懂　　　c. 懂了　　　d. 懂的

(2) 她学习很刻苦，在很短的时间内就学 ____ 了《初级汉语课本》。
　　　a. 成　　　b. 到　　　c. 完　　　d. 给

(3) 明天下 ____ 课，我们就去看电影。
　　　a. 了　　　b. 过　　　c. 着　　　d. 完

(4) 孩子们都喜欢 _____ 。
　　　a. 吃姐姐做饭　　　　b. 吃姐姐做了饭
　　　c. 吃姐姐做饭了　　　d. 吃姐姐做的饭

(5) 画完了整条龙以后，他才给龙画 ____ 了眼睛。
　　　a. 上　　　b. 下　　　c. 在　　　d. 到

(6) 来到学院以后，老师 ____ 我们介绍了这里的学习和生活情况。
　　　a. 对　　　b. 和　　　c. 给　　　d. 跟

(7) 他 ____ 听力很好，____ 口语水平也很高。
　　　a. 一边……一边……　　　b. 不但……而且……
　　　c. 要是……就……　　　　d. 虽然……但是……

(8) 你把画儿挂 ____ 墙上吧。
　　　a. 在　　　b. 下　　　c. 完　　　d. 去

(9) 他有两个女儿，一个在上大学，____ 一个在上高中。
　　　a. 另　　　b. 别　　　c. 别的　　　d. 其他

(10) 电话打不通，是不是你记 ____ 了电话号码？
　　　a. 住　　　b. 好　　　c. 错　　　d. 不对

(11) 我走路的时候，有个人一下子抓住了我的一 _____ 手。
　　　a. 枝　　　b. 条　　　c. 只　　　d. 支

(12) 你说得 _____，我没听明白你的意思。
    a. 快一点儿   b. 一点儿快   c. 有点儿快   d. 快有点儿

(13) 吸烟 _____ 对自己的健康没有好处，_____ 影响别人的健康。
    a. 虽然……但是   b. 因为……所以
    c. 既……也   d. 如果……就

(14) 我没有钱用了，我想到银行去 _____ 点儿钱。
    a. 存   b. 取   c. 要   d. 还

(15) 我很想买这本小说，可是新华书店现在已经卖 _____ 了。
    a. 去   b. 好   c. 光   d. 上

三、在空格处填上合适的结果补语：

Fill in the blanks, using appropriate complement of result:

(1) 妈妈把衣服都洗 _____ 了。
(2) 朋友打 _____ 了门，请我进去。
(3) 我把你的笔弄 _____ 了，请原谅。
(4) 朋友们参观 _____ 画展了。
(5) 你看 _____ 这篇课文的意思了吗？

四、选择"给"或"上"填空：

Fill in the blanks, choosing "给" or "上"：

(1) 公司把一个重要工作交 _____ 了他。
(2) 他在合同(hétong, contract)上签 _____ 了自己的名字。
(3) 学校每个月发 _____ 我们工资。
(4) 请在这张表上填 _____ 你的姓名和国籍。
(5) 他骑 _____ 自行车，就走了。
(6) 出门以前，他留 _____ 我一张纸条。

五、按照正确语序把下列词语组成句子，并在适当的地方加上动态助词"了"：

Make a sentence with each of the following groups of words and phrases, putting the aspect particle "了" in a right position:

(1) 同学   足球赛   他们班的   一场   参加
(2) 下课   明天   我   去   就   朋友   看

第3课 成语故事两则

(3) 我　昨天　借　图书馆　书　去　十本
(4) 毛衣　妹妹　新　一件　穿　今天
(5) 早饭　面包　今天　几片　吃　我　只

六、根据句中的划线部分提问：

Ask questions based on the underlined parts of the following sentences:

(1) 星期六学生们参观了<u>一个工厂</u>。
(2) 我在小卖部买了<u>两瓶啤酒</u>。
(3) <u>上个星期</u>我们看了一部美国电影。
(4) 我们已经学了<u>二百多个</u>汉字了。
(5) 朋友给我买来了<u>三支笔</u>。
(6) 明天我们<u>吃了早饭</u>就去火车站。

七、用"谁……谁"、"什么……什么"、"什么时间……什么时间"等形式回答问题：

Answer the questions, using "谁……谁"、"什么……什么"、"什么时间……什么时间" and so on:

例 Example:

A：什么人可以参加这次旅游？

B：谁想参加，谁就参加。

(1) 你什么时候再来看我？
(2) 放假以后咱们到什么地方去玩儿？
(3) 今天晚上我们到哪个饭店去吃饭？
(4) 这件事我应该怎么办？
(5) 谁回答这个问题？

八、用"到底"完成句子：

Complete the sentences with "到底"：

(1) 他怎么还没来？＿＿＿＿＿＿＿＿＿＿＿＿？
(2) 这本书＿＿＿＿＿＿＿＿＿？怎么放在我的桌子上？
(3) 你已经在商店里看了半天了，你＿＿＿＿＿＿？
(4) ＿＿＿＿＿＿＿＿＿＿？是王老师还是李老师？
(5) 你一会儿说同意我的意见，一会儿又说不同意，＿＿＿＿？

九、选词填空：

Fill in the blanks, choosing a proper word:

> 商量　同意　提议　结果　留　夸　变　发笑

(1) 他回国的时候，把电视机 _____ 给了朋友。

(2) 这件事你不要自己决定，你应该先跟父母 _____ 一下。

(3) 在晚会上，老师 _____ 为我们的友谊干一杯。

(4) 他平时学习不努力，_____ 没考上大学。

(5) 那个小孩子既聪明又懂事，谁见谁 _____ 他。

(6) 秋天来到了，树叶都 _____ 黄了。

(7) 要是大家都 _____ 这个意见，咱们就按照这个意见做吧。

(8) 大熊猫太可爱了！它的样子经常使人 _____。

十、判断下列句子正误：

Judge which sentence is right and which is wrong:

(1) 现在我们还没有买了课本了。（　）

(2) 那个人很快就画好了一条蛇。（　）

(3) 老师把书放了到桌子上。（　）

(4) 谁的办法好，大家就按照谁的办法做。（　）

(5) 她有两个哥哥，一个是工人，别的一个是医生。（　）

(6) 到济南以后，我还没有去了大明湖。（　）

(7) 我有几个好朋友，其中一个是中国朋友。（　）

(8) 我们都在等你，你到底来吗？（　）

(9) 他昨天不舒服，不来上课。（　）

(10) 看，他开车是名牌。（　）

第3课　成语故事两则

阅读与思考 Reading and thinking

粥店的故事

我家附近的那条街上有两家卖粥的小店,一家在左边,另一家在右边。每天到这两个小店喝粥的人都很多,人出人进,川流不息。但是,每天晚上结算的时候,右边的粥店总是收入很多,左边的粥店少一些。听说这种情况以后,我觉得很奇怪。

一天早上,我走进了左边那个粥店,服务小姐微笑着迎接我。她给我盛了一碗粥,然后问我:"要不要加鸡蛋?"我说要。她给我加了一个鸡蛋。每次进来一位顾客,服务小姐都问:"要不要加鸡蛋?"有的顾客回答说要,有的人说不要。我算了算,要加鸡蛋的顾客大概有一半。

第二天早上,我又去了右边那个粥店。服务员也是满面笑容,态度很好。她先给我盛了一碗粥,又问我:"您要加一个鸡蛋还是加两个?"我笑了,说:"加一个吧。"每次进来一个顾客,服务员都这么问:"给您加一个鸡蛋还是两个鸡蛋?"喜欢吃鸡蛋的就回答说要两个,不太喜欢吃的就说加一个。虽然也有的顾客要求不加鸡蛋,但是很少。就这样,右边的粥店每天都多卖出很多个鸡蛋。

给别人留一点儿余地,也为自己争取尽量大的可能性。只有这样做,才会在不声不响中获胜。

思考题:
Answer the questions
(1) 两个粥店的收入情况一样吗?
(2) 右边粥店的服务小姐有什么聪明的做法?

词语 New words

1. 粥　　　　zhōu　　　(名)　gruel
2. 川流不息　chuān liú bù xī　flowing past in an endless stream
3. 结算　　　jiésuàn　　(动)　to settle accounts
4. 微笑　　　wēixiào　　(动)　to smile
5. 盛　　　　chéng　　　(动)　to fill (a bowl, ...)
6. 大概　　　dàgài　　　(副)　probably; likely
7. 余地　　　yúdì　　　 (名)　room
8. 争取　　　zhēngqǔ　 (动)　to strive for
9. 尽量　　　jǐnliàng　 (副)　to the greatest extent
10. 获胜　　 huòshèng　(动)　to win

新阶梯——中级汉语教程·上

单元练习一（第1—3课）

Exercises of Unit One (Lesson One~Lesson Three)

一、把括号中的词语填入合适的位置（10%）

Put the words in brackets in a proper place:

(1) 你 A 买 B 那本 C 故事 D 书很有意思。（的）

(2) A 他 B 在国内 C 是 D 最好的医生，而且在国际上也很有名。（不但）

(3) 我很喜欢 A 吃中国菜，B 我朋友 C 喜欢 D 吃。（也）

(4) 我 A 上个月 B 来中国 C 的 D。（是）

(5) A 这些词语 B 你们 C 没学过，D 不会用。（怪不得）

(6) A 在邮局里既 B 能寄信，C 可以 D 寄包裹。（又）

(7) 我们房间里 A 有电话，B 有 C 电视机 D。（还）

(8) 请在 A 这里 B 写 C 自己的名字 D。（上）

(9) 现在 A 他爬到山顶 B 也不觉得 C 困难 D 了。（一点儿）

(10) 昨天 A 我买 B 两个练习本 C 和三本汉语书 D。（了）

二、选择合适的词语填空（15%）

Fill in the blanks, choosing a proper word:

(1) 学生们 _____ 宿舍很干净，他们生活 _____ 也很好。
  a. 得……的 b. 的……得 c. 的……地 d. 地……得

(2) 阅览室里有 _____ 报纸和杂志。
  a. 不多 b. 多 c. 少 d. 许多

(3) 他的汉语学得不错，我应该 _____ 他学习。
  a. 给 b. 对 c. 向 d. 自

(4) 我们的宿舍楼里 _____ 了电话。
  a. 安 b. 种 c. 画 d. 交

(5) 你说的这件事儿，我一点儿也 _____ 知道。
  a. 没 b. 都 c. 不 d. 还

(6) 他说得太快，我没听 _____ 他的话。
  a. 懂了 b. 懂 c. 懂得 d. 不懂

(7) 明天下 _____ 课，咱们就去看篮球比赛。
    a. 好　　　　b. 过　　　　c. 了　　　　d. 完

(8) 在这次旅行中，他们 _____ 了许多名胜古迹。
    a. 参观　　　b. 旅游　　　c. 拜访　　　d. 参加

(9) 这个电影太有意思了，明天我要 _____ 看一遍！
    a. 又　　　　b. 还　　　　c. 再　　　　d. 也

(10) 最后他才给龙画 _____ 了眼睛。
    a. 下　　　　b. 去　　　　c. 过　　　　d. 上

(11) 看完病以后，医生给他 _____ 了药方。
    a. 开　　　　b. 画　　　　c. 安　　　　d. 添

(12) 你们谁想去旅游，_____ 就报名。
    a. 你　　　　b. 那个人　　c. 谁　　　　d. 他

(13) 他病了，大夫叫他 _____ 床休息。
    a. 躺　　　　b. 在　　　　c. 卧　　　　d. 睡

(14) 我要回国了，自行车就留 _____ 你吧。
    a. 给　　　　b. 对　　　　c. 向　　　　d. 下

(15) 这个字不能这么写，你写 _____ 了。
    a. 错　　　　b. 好　　　　c. 不对　　　d. 完

三、选择合适的量词填空（10%）

Fill in the blanks, choosing a proper measure word:

> 座　家　本　位　名　段　壶　条　根　只

(1) 我来介绍一下，这 _____ 是王教授。

(2) 前边有一 _____ 咖啡馆，咱们进去喝点儿咖啡吧。

(3) 那 _____ 山有多高？

(4) 好几天没见到你了，这 _____ 时间忙什么呢？

(5) 看，这 _____ 小猫真可爱！

(6) 大学毕业以后，他当了一 _____ 汉语老师。

(7) 你这 _____ 大词典是在书店买的吗？

(8) 长江是中国第一 _____ 大河。

(9) 他拿着一_____树枝，在地上写字。
(10) 见来了客人，妈妈端来了一_____茶。

四、在空格处填上合适的结果补语（10%）
Fill in the blanks, using a right complement of result:

(1) 饭做_____了，快吃吧。
(2) 这里需要写_____你的名字。
(3) 妈妈的生日就要到了，我要送_____她一件礼物。
(4) 每天我一回到宿舍，就打_____录音机。
(5) 老师，刚才的句子我没听_____，请再说一遍。
(6) 这件衣服你没洗_____，再洗一洗吧。
(7) 上课的时间快到了，弟弟骑_____自行车就走了。
(8) 妈妈给了他三百元钱，他一天就花_____了。
(9) 刚才我看_____他去图书馆了。
(10) 他平时学习不努力，所以今年没有考_____大学。

五、在合适的地方加上语气助词"了"或动态助词"了"（10%）
Put the modal particle "了" or the aspect particle "了" in a proper place:

(1) 昨天我看一个很有意思的电影。
(2) 每天我吃饭就到教室来。
(3) 上星期我从阅览室借十本杂志。
(4) 明天就要放假，我打算放假以后去旅行。
(5) 刚才你到哪儿去？我怎么没见到你？
(6) 明天我到北京就给你打电话。
(7) 早饭我只喝一杯牛奶。
(8) 昨天他从国外回来。
(9) 前天我们去爬山，我是跟朋友一起去的。
(10) 我不饿，我已经吃完饭。

六、选择括号中的词语组成存现句格式（10%）
Form sentences showing existence, emergence, or disappearance, choosing a proper word given in brackets:

(1) 教室门口站着_____。（一位老师　李老师）

(2) ＿＿＿＿＿＿＿＿有许多报纸和杂志。（他　　桌子上）

(3) 墙上 ＿＿＿＿＿＿＿＿ 两张地图。（挂着　　挂）

(4) 前天来了 ＿＿＿＿＿＿＿＿。（几名新学生　　安娜）

(5) 天上 ＿＿＿＿＿＿＿＿ 一架飞机。（飞　　飞来）

(6) ＿＿＿＿＿＿＿＿ 寄走了三封特快专递。（今天　　我）

(7) ＿＿＿＿＿＿＿＿ 有几台计算机。（办公室里　　老师们）

(8) 学校门口停着 ＿＿＿＿＿＿＿＿。（这些汽车　　很多汽车）

(9) 刚才 ＿＿＿＿＿＿＿＿ 几位客人。（来了　　来）

(10) 前边开过来 ＿＿＿＿＿＿＿＿。（一辆公共汽车　　那辆公共汽车）

七、选择合适的词语填空（10%）

Fill in the blanks, choosing a proper word:

熟悉　兑换　夸　提议　说明　习惯　关心　画　留　添

(1) 他是南方人，不太 ＿＿＿＿＿＿ 北方的生活。

(2) 请问，在什么地方可以 ＿＿＿＿＿＿ 货币？

(3) 我有一个哥哥，他很 ＿＿＿＿＿＿ 我的学习。

(4) 他是位画家，他 ＿＿＿＿＿＿ 的山水画儿很漂亮。

(5) 这些米饭太少了，再给我 ＿＿＿＿＿＿ 点儿吧。

(6) 我去他家了，但没有找到他，我只好给他 ＿＿＿＿＿＿ 了一张纸条。

(7) 对不起，我刚到这个地方，对这里的道路还不 ＿＿＿＿＿＿。

(8) 那个学生既聪明又努力，老师经常 ＿＿＿＿＿＿ 他。

(9) 在欢迎外国客人的晚会上，校长 ＿＿＿＿＿＿ 为两国的友谊干杯。

(10) 你最近经常迟到，你能 ＿＿＿＿＿＿ 一下原因吗？

八、用所给词语完成对话（10%）

Complete the dialogues with the given words:

(1) A：下个星期你去不去旅行？

　　B：＿＿＿＿＿＿＿＿＿＿＿＿＿＿＿＿＿＿＿＿＿＿＿＿＿。（如果……就……）

(2) A：你知道吗？我交了几个中国朋友，我每天跟他们练习说汉语。

　　B：＿＿＿＿＿＿＿＿＿＿＿＿＿＿＿＿＿＿＿＿＿＿＿＿＿。（怪不得）

(3) A：你觉得我们的学校怎么样？
    B：_____。（不但……而且……）

(4) A：你喜欢爬山吗？
    B：当然喜欢。_____。（既……又……）

(5) A：老师，什么人可以参加这次旅游？
    B：_____。（谁……谁……）

九、在合适的地方加上结构助词"的"（10%）
Put the structural particle "的" in a proper place:

上个月我们参观了一所漂亮大学。我们参观大学离我们学校很近。我们到达那所大学时候，大学老师和学生非常热情地欢迎了我们。老师和同学带我们参观了他们上课地方，还看了他们住宿舍。那个大学还有一个大图书馆，里面有各种各样图书。图书馆里还有很多正在看书学生，他们见到我们时候，热情地回答了我们问题。

十、改正下列句子中的错误（5%）
Correct mistakes in the following sentences:

(1) 你到底同意我们的意见吗？
(2) 不但我没去过北京，而且也没去过青岛。
(3) 昨天我因为生病，没有来上课了。
(4) 做作业完了以后，我想去打球。
(5) 他买了一辆便宜自行车。

第4课

ZHU NI SHENGRI KUAILE

祝你生日快乐

祝你生日快乐

一个北方都市的早晨，一位洒水车司机缓缓开着车，在洒水的音乐声里，为黎明的大街沐浴。街上行人稀少，空气非常清新，他手握方向盘随着音乐哼起歌来。

他开着开着，从反光镜里奇怪地发现，一个男孩骑着一辆破旧的自行车，老是跟在洒水车的后面，好像一个影子。那孩子大概十一二岁，很瘦，衣服有点儿脏，脸上带着微笑，眼睛里却含着泪水。

过了几条街，司机的好奇心越来越重。他忍不住了，突然停下车，拦住了那个非常惊慌但是已经来不及逃走的男孩。

"你想干什么？为什么老是跟着我的车？"他大声地问。

男孩低着头，又使劲儿地摇着头，抬起头来时，脸上流着泪。

"叔叔，我没有坏心，我只是想听听您的洒水车上播放的那首乐曲《祝你生日快乐》……"原来，今天是他的生日，而他是个孤儿。"叔叔，您不知道，对我来说，这是一件多么好的生日礼物啊！谢谢您！"

洒水车司机半天没说出话来，只是摸了摸男孩的头。

"叔叔，您是不是快要收工了？"

"不，我的活儿还多着呢！"说完，他从男孩手里接过自行车，推到路边锁上，然后拉着男孩上了驾驶室。

洒水车又开动了。整个城市，整个在沐浴中的城市都听到了，那首特别响亮的乐曲——《祝你生日快乐》。

（根据非非的同名小说改编，《深圳青年》，1995.4）

第4课 祝你生日快乐

词语 New words

1. 都市	dūshì	（名）	city; metropolis
2. 洒	sǎ	（动）	to sprinkle
3. 缓缓	huǎnhuǎn	（副）	slowly
4. 黎明	límíng	（名）	dawn; daybreak
5. 沐浴	mùyù	（动）	to bathe
6. 稀少	xīshǎo	（形）	few; rare
7. 清新	qīngxīn	（形）	pure and fresh
8. 握	wò	（动）	to hold; to grasp
9. 方向盘	fāngxiàngpán	（名）	steering wheel
10. 随	suí	（动）	to follow
11. 哼	hēng	（动）	to hum
12. 反光镜	fǎnguāngjìng	（名）	reflector
13. 老是	lǎoshì	（副）	always
14. 跟	gēn	（动）	to follow
15. 影子	yǐngzi	（名）	shadow; trace
16. 含	hán	（动）	with (tears in eyes)
17. 泪水	lèishuǐ	（名）	tear
18. 好奇	hàoqí	（形）	curious
19. 越来越	yuè lái yuè		more and more
20. 忍不住	rěn bu zhù		cannot help (doing something)
21. 拦	lán	（动）	to block; to hold back
22. 惊慌	jīnghuāng	（形）	alarmed; scared
23. 来不及	lái bu jí		there's not enough time to do sth.
24. 逃	táo	（动）	to run away; to escape
25. 使劲儿	shǐ jìnr		to exert all one's strength
26. 摇	yáo	（动）	to shake
27. 播放	bōfàng	（动）	to broadcast
28. 乐曲	yuèqǔ	（名）	musical composition

29. 原来	yuánlái	（名、副）	original; so that's how it is
30. 孤儿	gū'ér	（名）	orphan
31. 摸	mō	（动）	to feel; to touch
32. 收工	shōu gōng		to stop work for the day
33. 活儿	huór	（名）	work
34. 推	tuī	（动）	to push
35. 驾驶室	jiàshǐshì	（名）	cab
36. 响亮	xiǎngliàng	（形）	loud and clear

语 法 Grammar

一、动态助词"着"

The aspect particle "着"

1. 在动词后边，表示动作或状态的持续。其否定式为"没（有）……着"，但很少用。例如：

It can be added to a verb to indicate the continuous aspect of an action or a state. The negative form is "没（有）……着", but it's hardly used. For example:

（1）桌子上放着许多书。

（2）她今天穿着一件红毛衣。

（3）本子上没写着你的名字。（本子上没有你的名字。）

2. "动词＋着＋动词＋着，……"，在这个句型中，前后嵌入相同的单音节动词，表示正在进行某个动作或状态时，又出现了新的情况。例如：

In construction "verb ＋着＋ verb ＋着，……", only the same monosyllabic verb can be inserted. This construction indicates that while one action is going on, another one takes place. For example:

（1）我走着走着，听见有人叫我的名字。

（2）晚上家里人都在看电视，他看着看着，一会儿就睡着了。

（3）她说着说着，大笑起来了。

第4课 祝你生日快乐

3. "形容词 + 着呢","着呢"在形容词或类似形容词的短语后边,表示程度深,带有夸张的语气,多用于口语。例如：

Adjective + 着呢, "着呢" placed after adjectives or phrases acting as adjectives, indicates a certain high level of degree, with a tone of exaggeration. It is often used in spoken language. For example:

（1）那个留学生的汉语说得流利着呢！

（2）爷爷的身体好着呢。

（3）他的朋友多着呢！

二、"越来越……"格式

The construction "越来越……"

表示事物发展的程度随着时间的推移而增加。例如：

This construction indicates that the degree of sth. changes as time goes. For example:

（1）她说得越来越快,我听不懂。

（2）火车开动了,家乡离我越来越远了。

（3）人民的生活水平越来越高了。

三、"原来"的意思与用法

The meaning and usage of "原来"

1. "原来"作为名词,有"从前"、"本来"的意思,在句中可以做定语和状语。例如：

As a noun, "原来" means "从前" or "本来" and can serve as either attributive or adverbial adjunct. For example:

（1）他原来的名字不叫王冰。

（2）我原来不喜欢下棋,现在却非常感兴趣。

2. "原来"做副词,表示发现了以前不知道的情况。例如：

As an adverb, "原来" indicates that one has discovered what he didn't know before. For example:

（1）他的话我怎么也听不懂,问了老师,才知道原来他说的是方言。

(2) 怪不得房间里的空气不太好，原来窗子和门都关着呢。
(3) 他上午没来上课，原来他病了。

练习 Exercises

一、根据课文回答问题：

Answer the following questions according to the text:

(1) 那个洒水车司机是个什么样的人？
(2) 那个男孩为什么总是跟着洒水车？
(3) 他为什么感谢那位司机？
(4) 司机为什么让他上了驾驶室？

二、把括号中的词语填入合适的位置：

Put the words in brackets in a proper place:

(1) 我抬 A 头一看，只见朋友唱 B 歌 C 走 D 进来。（着）
(2) A 下了火车，B 他 C 回家就先 D 去学校了。（来不及）
(3) 我们正上 A 课 B 呢，你过 C 一会儿再给我打 D 电话吧。（着）
(4) A 听了 B 那个笑话，C 我们 D 笑起来了。（忍不住）
(5) 咱们去 A 银座商城 B 吧，那儿的东西 C 多 D 呢！（着）
(6) 他 A 说跟我一起 B 看电影，C 可是一直 D 没有空儿。（老是）
(7) 那孩子穿着 A 一件 B 衣服 C，跟在 D 他的自行车后面。（破旧的）
(8) 一年 A 过去了，B 我 C 习惯这里的生活 D。（越来越）
(9) A 雨下得这么大，他 B 不会 C 来了，我们 D 别等他了。（大概）
(10) A 我 B 很长时间 C 没有看见他，D 他到北京去了。（原来）

第4课　祝你生日快乐

三、辨字组词：
Distinguish the characters and form some words or phrases:

暖 _____　　洒 _____　　活 _____
缓 _____　　酒 _____　　话 _____

睛 _____　　逃 _____　　使 _____
晴 _____　　跳 _____　　便 _____

四、用合适的"动词＋着"填空：
Fill in the blanks with "verb + 着":

　　马丁很喜欢_____自行车出去逛街。今天是星期六，他又出去了。_____，他看见路边的树上_____许多鸟笼子，几位老人_____聊天呢。他下了车走过去跟他们打招呼，他们也_____向他点头问候。有一位老人_____他的手说："你是留学生吧？来坐坐吧。"他们_____谈了很长时间。
　　_____鸟叫，_____花草树木，_____大家都感兴趣的话，马丁心里觉得很愉快。

五、用"动词＋着＋动词＋着"的形式改写下面的句子：
Rewrite the sentences with the form of "verb + 着 + verb + 着":

（1）我们正在看电视的时候忽然停电了。
（2）他散步的时候遇见了老朋友。
（3）那个演员正在唱歌的时候忽然忘了歌词。
（4）她看信的时候不知为什么哭起来了。
（5）刚才还在下雨，现在突然出太阳了。

六、用"形容词＋着呢"回答问题：
Answer the questions with "adjective + 着呢":

（1）天安门广场怎么样？
（2）西安有名胜古迹吗？
（3）你的家离这儿远吗？

(4) 他们的新房布置得怎么样?

(5) 星期天,商店里的人多不多?

七、用"越来越……"完成句子:

Complete the sentences with "越来越……":

(1) 我来中国已经半年多了,现在_____。

(2) 大城市里很多人都买了汽车,_____。

(3) 吃得太多,运动得太少,他_____。

(4) 夏天到了,_____。

(5) 现在我们学的生词越来越多,语法也_____。

八、用"原来"完成句子:

Complete the sentences with "原来":

(1) _____,她又买了一个新冰箱。

(2) _____,现在是个医生了。

(3) 你知道今天她为什么这么高兴吗?_____。

(4) _____,怪不得他汉语说得那么好。

(5) 她老是说身上冷,试了试体温表,_____。

(6) 我听到有人叫我的名字,回头一看,_____。

九、用"多么……啊!"改写下列句子:

Rewrite the sentences with "多么……啊!":

(1) 这个公园非常安静!

(2) 他唱得真好听!

(3) 我很想马上见到他。

(4) 他那样做太不应该了。

(5) 你看,他的女朋友长得真漂亮!

第 4 课　祝你生日快乐

十、选词填空：

Fill in the blanks, choosing a proper word:

摸　拦　握　摇　洒　跟　锁　推　哼　带

（1）他 _____ 着客人的手说："欢迎，欢迎！"

（2）他散步的时候，那只小狗老是 _____ 着他。

（3）展览会上的这些名画只能看，不能用手 _____。

（4）出去的时候，千万不要忘了 _____ 门。

（5）他嘴里 _____ 着歌儿走了过来。

（6）我问她去不去打球，她 _____ 着头说没兴趣。

（7）他的酒 _____ 在了别人的身上，他马上表示道歉。

（8）孩子想出去玩儿，妈妈 _____ 住他说："现在不行，做完作业再去。"

（9）他的自行车坏了，只好 _____ 着回家。

（10）放假以后，他要 _____ 着女朋友一起回国。

阅读与思考
Reading and thinking

话说送礼

中国人特别重视"礼",讲礼的格言也不少,比如"来而不往非礼也"、"礼多人不怪"、"千里送鹅毛,礼轻情意重"等等。这"礼",既是精神的,也是物质的。物质的"礼",就是"礼物"。于是,在人和人交往中,就有了送礼和还礼的活动。这种活动在中国可以说是历史悠久、源远流长的。但是近年来,这种活动的功利目的越来越强,礼越送越多,礼物的含金成分越来越重,给人们的生活带来许多经济和精神的负担。

不知从什么时候开始,人们发现一种高雅的、带有文化意味的送礼活动悄悄兴起了:朋友结婚,父母、孩子生日,恋人传情,或者过年、过节的时候,人们习惯为他(她)点上一首喜欢的歌曲,说上一段特别祝福的话;用美丽的贺卡或者物美价廉的小工艺品表达自己的心愿,也是常用的好方法;现在城市里的鲜花店也越来越多,马路上经常可以看到拿着鲜花的人们。用鲜花传递友情、爱情,不但给生活带来几分清新、几分浪漫,而且使人们的交往变得高雅、纯洁。

思考题:
Answer the questions
(1) 中国人讲"礼"的格言表达的是什么意思?
(2) "送礼"的活动在中国有什么发展和变化?
(3) 为什么说新兴的"送礼"活动是高雅的?
(4) 谈谈你的国家怎么"送礼"。

词语 New words

1. 格言	géyán	(名)		maxim; motto
2. 交往	jiāowǎng	(名、动)		association; to affiliate with
3. 源远流长	yuányuǎn-liúcháng			of long standing
4. 功利	gōnglì	(形)		utilitarian
5. 成分	chéngfèn	(名)		composition
6. 负担	fùdān	(名、动)		burden; to bear (a burden)
7. 高雅	gāoyǎ	(形)		noble and elegant
8. 悄悄	qiāoqiāo	(副)		quietly
9. 物美价廉	wùměi-jiàlián			high quality and low price
10. 浪漫	làngmàn	(形)		romantic
11. 纯洁	chúnjié	(形)		pure; clean and honest

第 5 课

CHUNJIE MANHUA

春节漫话

春节漫话

卡里是一位来自加拿大的留学生,他是来中国学习汉语的。卡里在中国有很多朋友,其中有一个是中国朋友。今年的春节卡里是在这个中国朋友家里过的。

除夕晚上,卡里去了朋友家,他是骑自行车去的。朋友和他的父母和哥嫂在门口热情地欢迎了他。朋友的爸爸、妈妈都是做教育工作的,他的哥哥和嫂子都在北京工作,他们是特地回来和亲人团聚的。卡里入座后,朋友的父母在桌子上摆好了酒菜,他们边吃边谈。当热气腾腾的饺子端上桌时,卡里问朋友:"听说'饺子'这个名字还有来历。为什么春节要吃饺子呢?"

"是有来历。古时候,晚上十一点到一点这段时间叫'子时',除夕晚上的子时是旧年和新年交替的时间。送旧年、迎新年的时候吃的这种食物人们叫做'饺子',是因为'交子'和'饺子'读音差不多。过春节吃饺子的风俗是从明代开始的。"

"每个地方都要吃饺子吗?"卡里又问。

"南方有些地方不吃饺子,吃年糕。'年糕','年高',人们希望生活年年高,这也是人们表达心愿的一种方式。"朋友的爸爸说。

朋友的妈妈告诉卡里:"腊月里还有一个很重要的节日,那就是腊月二十三的'祭灶日',这个节日是祭祀灶神的。相传灶神在这一天要回天上去,因此人们燃放鞭炮欢送他。"

"太有意思了!可是今天晚上我怎么没有听到鞭炮的声音呢?"

"现在北京、济南这样的大中城市都不允许放鞭炮了。放鞭炮除了不太安全以外,对空气和声音也有污染。"朋友的哥哥回答说。

卡里说:"原来是这样。那么春节人们一般做什么呢?"

第5课 春节漫话

"要是在农村,天不亮拜年就开始了。家家户户,按照辈分互相拜年。在城市,拜年的方法已经多样化了,比如,寄一张贺卡,送一束鲜花或者打个电话等。方法虽然不同了,但是人们的心愿是相同的,都希望自己的亲人和朋友来年有个好的开始,每个人都有一份好心情。"朋友回答说。

"别只顾说话,卡里,来,咱们干一杯吧!祝你在新的一年里万事如意!干杯!"朋友的妈妈边举杯边对卡里说。

吃完了年夜饭,卡里又在朋友家看了春节晚会的电视节目。他在朋友家过了一个愉快的春节。

词语 New words

1. 漫话	mànhuà	(动)	to have informal discussion
2. 除夕	chúxī	(名)	New Year's Eve
3. 嫂子	sǎozi	(名)	sister-in-law; elder brother's wife
4. 特地	tèdì	(副)	for a special purpose
5. 团聚	tuánjù	(动)	to reunite
6. 摆	bǎi	(动)	to place
7. 饺子	jiǎozi	(名)	dumpling (with meat and vegetable stuffing)
8. 端	duān	(动)	to carry in hand
9. 来历	láilì	(名)	origin; past history
10. 交替	jiāotì	(动)	to replace
11. 年糕	niángāo	(名)	New Year's cake (made of glutinous rice flour)
12. 表达	biǎodá	(动)	to express
13. 腊月	làyuè	(名)	the twelfth month of the lunar year
14. 灶神	zàoshén	(名)	kitchen god

15. 燃放	ránfàng	（动）	to set off (fireworks, etc.)
16. 鞭炮	biānpào	（名）	firecracker
17. 允许	yǔnxǔ	（动）	to permit
18. 除了……以外	chúle…yǐwài		except; besides
19. 安全	ānquán	（形）	safe
20. 污染	wūrǎn	（动、名）	to pollute; pollution
21. 一般	yìbān	（形）	ordinary; common; usually
22. 辈分	bèifen	（名）	position in the family hierarchy
23. 拜年	bàinián	（动）	to wish sb. a Happy New Year
24. 多样化	duōyànghuà	（动）	to diversify
25. 贺卡	hèkǎ	（名）	congratulatory card
26. 束	shù	（量）	*a measure word*
27. 鲜花	xiānhuā	（名）	fresh flowers
28. 份	fèn	（量）	*a measure word*
29. 顾	gù	（动）	to take into consideration
30. 举	jǔ	（动）	to raise

专 名 Proper names

1. 春节	Chūn Jié	the Spring Festival
2. 卡里	Kǎlǐ	*name of a person*
3. 加拿大	Jiānádà	Canada

语 法 Grammar

一、"是……的"的几种意义

Several meanings of the construction "是……的"

1. 可以用来强调已发生动作的时间、地点、方式等。"是"放在要强调说明的时间、地点、方式等之前，"的"放在句尾。例如：

The construction "是……的" is used to stress the time, place or manner etc. of an action which has already taken place. "是" should be put before what is to be stressed (sometimes it can be omitted), and "的" is put at the end of the sentence. For example:

(1) 我是今年八月来中国的。
(2) 我们是在教室里讨论的。
(3) 他是坐火车去的。
(4) 卡里是跟朋友一起来的。

如果动词后有宾语，宾语是名词时，常放在"的"之后，也可放在"的"前。如果宾语为代词，则一般放在"的"的前边。例如：

If the verb takes an object and the object is a noun, the object is usually put after "的". The object can be put before "的" as well, and this is especially likely if the object is a pronoun. For example:

(1) 我是骑自行车回的学校。（我是骑自行车回学校的。）
(2) 留学生们是上个月来的中国。（留学生们是上个月来中国的。）
(3) 王老师是在邮局里看见他的。

2. "是……的"也可用来表示归类。例如：

Construction "是……的" is also used to indicate category. For example:

(1) 他父母都是做教育工作的。
(2) 我是学历史的。
(3) 他们是研究经济的。

"是……的"的否定形式是"不是……的"。例如：

The negative form of construction "是……的" is "不是……的" and "是" can never be omitted. For example:

(1) 我不是九月来的中国，是八月来的。
(2) 卡里不是在学校过的春节，是在朋友家过的。
(3) 我姐姐不是学中文的。

二、"是"表示强调

"是" for emphasis

"是"置于动词谓语句、主谓谓语句、形容词谓语句之前表示强调。如果谓语带状态补语，"是"可放在补语前，也可置于谓语之前。例如：

"是" can be put before the predicate of a sentence with a verbal predicate, a sentence with a subject-predicate construction as its predicate or a sentence with an adjectival predicate to show

emphasis. When there is a complement of state in the sentence, "是" may be put before the complement or before the predicate. For example:

(1) 春节吃饺子是有来历。

(2) 他是身体好（他身体是好），一年四季很少生病。

(3) 这个商店里的东西是便宜。

(4) 王老师教课是教得好。（王老师教课教得是好。）

三、"除了……以外"格式

The construction "除了……以外"

1. "除了……以外"表示包容关系，后边常有副词"还"、"也"、"又"等。"除了……以外"中间可以插入名词、代词、形容词或动词，以及动词结构和形容词结构。例如：

The construction "除了……以外" means "in addition to" or "besides". There is often the adverb "还"、"也" or "又" to follow it in the second half of the sentence. A noun, a pronoun, an adjective or adjective construction, a verb or a verbal construction can be inserted in the construction "除了……以外". For example:

(1) 除了这些汉语书以外，我还有一本汉语词典。

(2) 除了他以外，我也喜欢画画儿。

(3) 这个地方除了安静以外，也（还）很漂亮。

(4) 这一课除了生词多以外，课文也很长。

(5) 我朋友除了学习汉语以外，还学习中国历史。

2. "除了……以外"表示排除关系，后边常带有副词"都"。名词、代词、动词、动词结构或主谓结构可插入"除了……以外"中间。例如：

"除了……以外" also means "except". There is often the adverb "都" to follow it in the second half of the sentence. A noun, a pronoun, a verb, a verbal construction or a subject-predicate construction can be inserted in the construction "除了……以外". For example:

(1) 除了这个问题以外，别的问题我都会回答。

(2) 除了你以外，我们都认识这个人。

(3) 除了踢足球以外，别的运动他都不喜欢。

第 5 课　春节漫话

练习 Exercises

一、根据课文回答问题：

Answer the questions according to the text:

(1) 卡里今年春节是在哪儿过的？
(2) 除夕晚上他们吃的什么饭？
(3) 过春节吃饺子有什么来历？
(4) 南方人吃年糕有什么含义？
(5) 腊月二十三在中国是什么节日？关于这个节日有什么传说？
(6) 为什么卡里没有听到鞭炮声？
(7) 中国人现在一般用什么方法互相祝贺春节？

二、把括号中的词语填入合适的位置：

Put the words in the brackets in a proper place:

(1) 这个旅馆 A 除了安静以外，B 其他条件 C 不 D 太好。（都）
(2) A 每天 B 听中文广播 C 学习 D 汉语有好处。（对）
(3) 那本 A 小说 B 有意思，怪不得孩子们 C 都 D 喜欢看。（是）
(4) 服装店里 A 挂着 B 很多衣服，那些 C 衣服 D 漂亮啊。（真）
(5) A 除了他以外，B 我 C 唱了一首 D 中文歌。（也）
(6) 明天 A 是爷爷的生日，今天 B 他 C 回家向爷爷 D 祝贺生日。（特地）
(7) 妈妈叫 A 孩子们洗 B 澡 C 就去 D 休息。（了）
(8) 要是 A 你说的办法对这件事有帮助，B 我们 C 就 D 你的办法做。（按照）
(9) A 我朋友 B 做管理工作的，C 他 D 不是教汉语的。（是）
(10) 我们除了 A 去过北京，B 去过 C 青岛 D。（还）

三、根据下列句子中的划线部分提问：

Ask questions based on the underlined parts of the following sentences:

(1) 那些学生是<u>昨天晚上</u>来的。
(2) 我们是从<u>加拿大</u>来的。
(3) 我是<u>在饭店</u>吃的饭。

(4) 这封信是用钢笔写的。
(5) 我是教书的，他是学医的。

四、用下列词或词组造"是……的"格式的句子：
Make sentences with the construction "是……的", using each of the following word or phrase given below:

(1) 一个人　　　　　来中国
(2) 坐公共汽车　　　去老师家
(3) 在那个邮局　　　寄特快专递
(4) 去年夏天　　　　开始学习汉语
(5) 骑自行车　　　　去学校
(6) 来中国以后　　　认识他

五、把"是"放在划线部分的合适位置，表示强调：
Put "是" in a proper place of the underlined part, showing emphasis:

(1) A：我们学过这个词，你忘了吗？
　　B：我们学过这个词，可我真的忘了。
(2) A：你听，他汉语说得多好！
　　B：他汉语说得好，像中国人一样。
(3) A：这家商店的东西太贵了，咱们到另一家去看看吧？
　　B：这个商店的东西贵，咱们别在这里买了。
(4) A：那件事你做得不对，你应该向他道歉。
　　B：我不对，我已经向他道歉了。
(5) A：你担心买不到飞机票吧？别担心，我可以帮你买。
　　B：我有点儿担心，要是你能帮我，真是太好了！

六、用"除了……以外"或"也（还）……"完成句子：
Complete the sentences with "除了……以外" or "也（还）"：

(1) 除了这个句子我不明白以外，＿＿＿＿＿＿＿。
(2) 这个饭店的菜除了便宜以外，＿＿＿＿＿＿＿。
(3) ＿＿＿＿＿＿＿＿＿＿＿＿＿＿，还学习英语。

第 5 课　春节漫话

(4) 我们除了上精读课，_____。
(5) _____，还有几个同学也喜欢踢足球。

七、用"除了……以外"或"……都……"完成句子：
Complete the sentences with "除了……以外" or "……都……":

(1) 除了面包以外，_____。
(2) _____，别的时间我们都有课。
(3) 她除了晚上在家以外，_____。
(4) _____，我们都参观过那所大学。
(5) 这次考试，除了第二题以外，_____。

八、用"边……边……"完成句子：
Complete the sentences with "边……边……":

(1) 上课的时候，_____。
(2) 在咖啡馆里，_____。
(3) 做饭的时候，_____。
(4) 在晚会上，_____。
(5) _____，这是一个不好的习惯。

九、选择合适的量词填空：
Fill in the blanks, choosing a proper measure word:

> 束　条　张　壶　杯　辆　本　段　座　首

(1) 走了一_____路，我们都有点儿累了。
(2) 星期天我们去爬山了，那_____山不太高。
(3) 昨天朋友请我到茶馆喝茶，我们要了一_____茶和一些小点心。
(4) 朋友回国了，他把他的那_____自行车留给我了。
(5) 后天就是他的生日了，咱们买_____花儿送给他吧。
(6) 这_____杂志上有篇文章，你看看吧，很有意思。
(7) 早饭的时候，他喝了一_____牛奶，吃了两个面包。
(8) 他家门前有一_____小河，河里的水很清。
(9) 我很喜欢这_____歌儿，很好听。
(10) 新年就要到了，我买了许多贺卡，准备给每个朋友寄一_____。

新阶梯——中级汉语教程·上

十、选择合适的词语填空：

Fill in the blanks, choosing a proper word:

允许　团聚　表达　污染　交替　欢送　摆　举

（1）每年过春节的时候，他们全家人都要在父母那里 _____ 。
（2）吸烟不但 _____ 空气，而且还影响人的健康。
（3）在夏季和秋季互相 _____ 的时候，很容易感冒。
（4）我们就要回国了，学院准备开一个晚会 _____ 我们。
（5）我现在的汉语水平还不高，还不能用汉语 _____ 自己的意思。
（6）谁有问题，请 _____ 手。
（7）书架上 _____ 着许多书，其中有不少汉语书。
（8）孩子还小，妈妈晚上不 _____ 他一个人到外边去。

第5课　春节漫话

阅读与思考 Reading and thinking

中国的传统节日

除了春节，正月里还有元宵节，又叫上元节。中国古代有上元节张灯观赏的风俗，这习俗一直流传到现在。元宵节吃汤圆大约是从宋代开始的，因为汤圆是元宵节时吃的食品，所以后来汤圆又叫"元宵"。

农历三月有一个节日，叫"清明节"。这一天，古人都要到郊外去游玩，祭扫坟墓。五月初五也是一个民间的传统节日，叫"端午"，也写作"端五"。传说古代爱国诗人屈原是在这一天投汨罗江而死的。人们划着船去救他，有人包了粽子扔进江里，防止鱼虾吃屈原的尸体。后来人们又做成了龙形的船，进行划船比赛。龙舟竞渡的活动就是这么来的。

农历的七、八、九三个月是秋季，八月十五正是秋季的中间，"一年明月今宵多"，古人认为八月十五晚上的月亮最圆最亮，是全家团圆的佳节，就叫这天为"中秋节"。这天晚上吃的点心人们也做成圆形，叫"月饼"。中秋之夜吃月饼赏月早已成了中国民间的传统习惯。

农历九月九是重阳节，又称"重九"。古代每到这一天，人们都要登高、饮酒、赏菊、佩戴茱萸，据说可以避邪免灾。相传东汉时有一个人曾游学多年，一天，别人告诉他，九月初九他家要有灾祸，要是家里人做几个红色小袋子，里面放进茱萸，佩戴在身上，并且登高饮酒，就可以消除灾难。读书人按照这个办法做了。晚上回到家中，发现他家中的鸡犬牛羊全都死了，他和家人都避免了灾祸。这是关于重阳节为什么要登高饮酒的一个小故事，虽然不一定真实，但是却表达了人们避免灾祸的愿望。

除了这些以外，中国还有不少传统节日，比如七夕节、冬至日等。

思考题：
Answer the questions

(1) 元宵节和中秋节人们一般有什么活动？清明节呢？

(2) 关于端午节和重阳节民间有什么传说？

(3) 你们国家有哪些传统节日？关于这些节日有什么传说故事？

词语 New words

1.	汤圆	tāngyuán	（名）	sweet dumplings made of glutinous rice flour
2.	郊外	jiāowài	（名）	countryside around a city
3.	祭扫	jìsǎo	（动）	to offer sacrifices
4.	投	tóu	（动）	to throw
5.	粽子	zòngzi	（名）	a pyramid-shaped dumpling made of glutinous rice wrapped in bamboo or read leaves
6.	扔	rēng	（动）	to cast; throw
7.	防止	fángzhǐ	（动）	to avoid
8.	竞渡	jìngdù	（动）	boating race
9.	团圆	tuányuán	（动）	to reunite
10.	月饼	yuèbǐng	（名）	moon cake
11.	佩戴	pèidài	（动）	to wear
12.	茱萸	zhūyú	（名）	*a kind of plant*
13.	避邪	bìxié	（动）	to avoid evil influence
14.	免灾	miǎnzāi	（动）	to avoid disaster

专名 Proper names

1.	宋代	Sòngdài	the Song Dynasty
2.	屈原	Qū Yuán	*name of a person*
3.	汨罗江	Mìluó Jiāng	*name of a river*
4.	东汉	Dōnghàn	the Eastern Han Dynasty

第 6 课

JI HUI

忌 讳

忌 讳

今天是我七十岁的生日,对我来说,"七十大寿"可不是个一般的生日。儿子、儿媳在国外,不能回来给我过生日,不过祝寿的电话昨天就打来了。虽然家中人少,显得冷清了一些,但是我还是希望好好地度过这一天。

早上我醒得特别早,打开窗帘,看见外边的天阴沉沉的,心里有点儿不愉快。也不知道几点了,习惯地往墙上一看,对了,挂钟前几天坏了,儿子的朋友小赵拿去修理了,还没送回来呢。我起床以后洗漱完毕,特意穿上了一身新衣服。一出房门,就听见老伴儿正和孙女儿说话呢。

"小红,你看,这些好吃的都是给爷爷做的。这种用面粉做的桃子叫'寿桃',这碗里的面条叫'寿面'……"

"奶奶,为什么都要说'寿'字?"

"今天是爷爷的生日,多说'寿'字吉利呀!"

"噢!我明白了。"她一回头看见了我,马上喊起来:

"奶奶,您看,爷爷穿上'寿衣'了!"

听了这一句,气得我半天没说出话来。老伴儿急得赶快捂住孙女儿的嘴说:

"呸!呸!这孩子真不会说话,快跟爷爷说'对不起'!"

孙女儿哭了起来,她当然不明白自己做错了什么。算了,四岁的孩子懂什么!

早饭以后,我们三口人一起去了公园,一直玩儿到中午。我和

第6课 忌 讳

老伴儿商量说：

"甭回家做饭了，就在外边吃吧。"

我们进了一家干净、舒适的饭馆。饭馆的生意不错，人多得很，好不容易才找到一个空位子。我们正吃着，进来了几个小青年，其中一个走到我身边，一边不耐烦地催我，一边对他的同伴说：

"嗨！就在这儿等吧，这老头儿就要完了！"

"真不像话！"我的火又上来了，饭也不吃了，气得站起来就想走。老伴儿说：

"你吃饱了吗？再吃点儿吧！"

"还吃什么！已经气饱了！"说完，我就走出了饭店。

黄昏的时候，我们回到了家。我累得躺在床上不想动。忽然，外边有人敲门：

"王大爷，开门哪！我是小赵。"

我打开门，见他手里抱着一个用布包着的东西，说：

"大爷，我给您送钟来了！"

唉！今天对我来说真是个倒霉的日子！

词语 New words

1. 忌讳　　　jìhuì　　　（名）　　taboo
2. 显得　　　xiǎnde　　（动）　　to look like; to appear
3. 冷清　　　lěngqīng　（形）　　lonely
4. 度　　　　dù　　　　（动）　　to spend
5. 醒　　　　xǐng　　　（动）　　to wake up; to be awake
6. 窗帘　　　chuānglián（名）　　(window) curtain
7. 阴沉沉　　yīnchénchén（形）　cloudy; gloomy
8. 挂钟　　　guàzhōng　（名）　　wall clock
9. 洗漱　　　xǐshù　　 （动）　　to wash and gargle
10. 特意　　　tèyì　　　（副）　　for a special purpose

61

11. 老伴儿	lǎobànr	（名）	(of an old married couple) husband or wife
12. 孙女儿	sūnnǔr	（名）	granddaughter
13. 面粉	miànfěn	（名）	flour
14. 桃子	táozi	（名）	peach
15. 面条	miàntiáo	（名）	noodles
16. 吉利	jílì	（形）	lucky
17. 马上	mǎshàng	（副）	at once
18. 捂	wǔ	（动）	to cover
19. 算了	suànle		to let it be; to forget it
20. 舒适	shūshì	（形）	comfortable
21. 生意	shēngyi	（名）	business; trade
22. 位子	wèizi	（名）	seat
23. 耐烦	nàifán	（形）	patient
24. 催	cuī	（动）	to urge; to hurry
25. 同伴	tóngbàn	（动）	companion
26. 不像话	bú xiànghuà		unreasonable; outrageous
27. 饱	bǎo	（形）	to have eaten one's fill
28. 黄昏	huánghūn	（名）	dusk
29. 躺	tǎng	（动）	to lie
30. 抱	bào	（动）	to hold or carry in the arms
31. 包	bāo	（动）	to wrap
32. 倒霉	dǎoméi	（形）	rough luck

注：Notes

① "寿衣"，是指死人穿的衣服。

"寿衣" indicates the clothing for the dead.

② "完了"，有完结、死去的意思。

"完了" has the meaning of "end" or "died".

③ "送钟"和"送终"是谐音。"送终"指长辈亲属临死时在身旁照料，或安排长辈亲属的丧事。

"送钟" is the homophonic of "送钟", "送钟" indicates the care for the elder or relatives of a family just before their death of the arrangement for their funeral.

第6课 忌 讳

语 法 Grammar

一、程度补语

The complement of degree

1. 在动词或形容词后面用"得"连接的补语,说明动作或事物性质所达到的程度。最常见的程度补语由副词"很"充任。"不得了"、"要命"、"要死"等也可以用在动词或形容词后做程度补语。例如:

A complement which is used after a verb or an adjective, denoting the degree or result an action reaches is called the complement of degree and the adverb "很" is often used as such a complement. The words "不得了"、"要命"、"要死" put after a verb or an adjective can also be used as the complement of degree. For example:

(1) 他今天高兴得很,因为HSK考试达到了八级。
(2) 我渴得要命,快给我一点儿水喝。
(3) 外边热得要死,别出去了。
(4) 他想你想得不得了,你快去看看他吧!

2. "极"、"死"、"坏"、"透"等词语也可作程度补语,它们和前面的动词或形容词之间不需要加"得"。例如:

The words such as "极"、"死"、"坏"、"透" can also act as the complement of degree and between them and the verb or the adjective "得" is not needed. For example:

(1) 饭店里的人多极了。
(2) 他什么也不说,急死人了。
(3) 这两天,我忙坏了。
(4) 那个人简直坏透了。

二、状态补语

The complement of state

用在动词或形容词后面用来评价、判断或描写"得"前的动词、形容词、施事者或受事者的补语叫状态补语。这种补语与句子中的动词或形容词之间要有"得"来连接。例如:

A complement which is used after a verb or an adjective to appraise, judge or describe the verb, the adjective, the doer of an action or receiver of an action in a sentence is called the complement of state. Between this kind of complement and the verb or the adjective of the sentence there is the structural particle "得".

1. 简单的状态补语一般由形容词充任。例如：

The adjectives commonly can act as simple complement of state. For example:

(1) 他们生活得非常幸福。
(2) 他讲得真好！
(3) 这些字虽然你写出来了，但你写得不清楚。

如果动词有宾语，要在宾语后面重复动词，再接由"得"引出的补语。例如：

The verb should be reduplicated after the object if it is followed by the object, while its complement is still put after the structural particle "得". For example:

(1) 他开车开得太快。
(2) 李老师教汉语教得很好。

带状态补语的正反疑问句是并列状态补语的肯定形式和否定形式。例如：

The affirmative-negative form of such a sentence is made by juxtaposing the affirmative and negative forms of the complement. For example:

(1) 他打扫得干净不干净？
(2) 她跳舞跳得好不好？

2. 动词、动宾结构、主谓结构等也可做状态补语。例如：

Verb, V-O structures, S-P structures can act as complement of state, too. For example:

(1) 她紧张得说不出话来。
(2) 他的笑话说得大家都笑了起来。
(3) 他累得一动也不想动。

三、结构助词"得"

The structural particle "得"

"得"是程度补语和状态补语前的结构助词。例如：

"得" is a structural particle used in front of the complement of degree or state. For example:

(1) 我累得很，休息一会儿吧。
(2) 外边热得不得了，别去了。

第 6 课　忌　讳

(3) 学生们都热得全身是汗。

(4) 你吃饭吃得太快，慢点儿吃！

四、"对（于）……来说"格式

The construction "对（于）……来说"

表示从某人或某事的角度来看问题。例如：

This construction means to consider things from the direction of sb.or sth. For example:

(1) 对约翰来说，学汉语最困难的是声调。

(2) 对于我们学校来说，教学和管理方面还有很多问题。

(3) 父母认为，对孩子来说，身体好是最重要的。

一、根据课文回答问题：

Answer the following questions according to the text:

(1) 这位老人全家有几口人？他是和谁一起过的生日？

(2) 为什么当听到孙女说"寿衣"时老人不高兴了？

(3) 在饭店遇到的那个小青年说了什么话老人很生气？

(4) 小赵的到来是否受到老人的欢迎？为什么？

(5) 老人为什么觉得生日这一天很倒霉？

二、选择合适的词语填空：

Fill in the blanks, choosing a proper word:

(1) 听到那个好消息，整个晚上他 ＿＿＿＿＿＿。

　　a. 高兴得睡不着　　　　　　b. 高兴睡不着得

　　c. 高兴得不睡着　　　　　　d. 睡不着高兴得

(2) 那天广场上的人很多，我们好不容易 ＿＿＿＿＿＿ 挤进去。

　　a. 能　　　b. 就　　　c. 没　　　d. 才

(3) 我的头_____，要赶快吃点儿药。
    a. 疼得极了　　　　　　　b. 疼得很
    c. 疼不得了　　　　　　　d. 疼得死了

(4) 谢谢你们，这几天的活动都_____。
    a. 安排好得很　　　　　　b. 很安排得好
    c. 安排得很好　　　　　　d. 很好安排得

(5) 写汉字_____他来说很难。
    a. 跟　　　b. 对　　　c. 向　　　d. 给

(6) 真没想到这个地方的风景_____漂亮！
    a. 怎么　　b. 多么　　c. 什么　　d. 这么

(7) 今天他过生日，所以特意穿了一_____新衣服。
    a. 条　　　b. 身　　　c. 张　　　d. 双

(8) 你别找他了，他正忙_____搬家，没有时间。
    a. 得　　　b. 了　　　c. 着　　　d. 过

(9) 他很喜欢看书，常常_____。
    a. 忘吃饭　　　　　　　　b. 看得忘了吃饭
    c. 忘了吃饭看得　　　　　d. 看得吃饭忘了

(10) 我觉得这件新买的衣服_____。
    a. 不合适有点儿　　　　　b. 一点儿不合适
    c. 有点儿不合适　　　　　d. 不合适一点儿

(11) 他_____有时间_____在房间里玩电脑。
    a. 不但……而且……　　　b. 既……又……
    c. 一……就……　　　　　d. 虽然……但是……

(12) 我很喜欢打乒乓球，_____打不好。
    a. 要是　　b. 不过　　c. 所以　　d. 而且

(13) 你一个人去旅行，要_____小心。
    a. 特别　　b. 特点　　c. 特意　　d. 特地

(14) 那个商店的东西_____。
    a. 多得很　　b. 很多得　　c. 得很多　　d. 很得多

第6课 忌 讳

(15) 他说汉语 _____。

    a. 得很好　　　b. 说很好　　　c. 说得很好　　　d. 很好说

三、模仿造句：

Make sentences after the following example:

例 Example:

    骑自行车　　　　快

A：你骑自行车骑得快不快？
B：我骑自行车骑得不太快。
A：他骑自行车骑得怎么样？
B：他骑自行车骑得很快。

(1) 画画儿　　　　好
(2) 起床　　　　　早
(3) 念课文　　　　流利
(4) 洗衣服　　　　干净
(5) 睡觉　　　　　晚

四、改正下列错句：

Correct mistakes in the following sentences:

(1) 他吃饭得很快。
(2) 约翰回答问题回答不错。
(3) 她说汉语不说得清楚。
(4) 我翻译句子得对不对？
(5) 你每天看电视看得多看得不多？

五、模仿下面的例子造句：

Form sentences after the following example:

例 Example:

    忙　　　忘了吃饭
    ——他忙得忘了吃饭。

(1) 高兴　　　　不知道说什么好

(2) 感动　　　　流下了泪水

(3) 说汉语　　　跟中国人一样好

(4) 下雨　　　　路很难走

(5) 抽烟　　　　手指头都变黄了

六、用副词"很"作程度补语改写下面的句子：

Rewrite the sentences with the adverb "很" as complement of degree:

(1) 这种专卖店的东西很贵。

(2) 哈尔滨的冬天非常冷。

(3) 他这几天搬家真辛苦。

(4) 这条马路安静极了。

(5) 那个孩子太聪明了。

七、用"对……来说"改写句子：

Rewrite the sentences with "对……来说":

(1) 她当老师不太合适。

(2) 中国现在最重要的是发展经济。

(3) 你的孩子现在学书法还太早。

(4) 老虎在动物园里一定不快乐。

(5) 他现在最需要的是你的关心和帮助。

八、用"什么"改写成反问句：

Change the following sentences into the rhetorical questions with "什么":

(1) 今天这么忙，别去看电影了。

(2) 咱们是老朋友，不要客气。

(3) 这只是一个小测验，不用紧张。

(4) 时间来得及，不用跑。

(5) 现在是半夜，你们不要吵。

第6课 忌 讳

九、用"算了"完成对话：

Complete the dialogues with "算了":

(1) A：对不起，今天我也要用自行车，不能借给你。

B：_____，_____。

(2) A：这孩子太不像话，得批评他。

B：_____，_____。

(3) A：我很想和你们一起去爬山，可是身体不太舒服。

B：_____，_____。

(4) 已经过了半小时了，咱们还等她吗？

B：_____，_____。

(5) A：这里的水果比较贵，咱们还买吗？

B：_____，_____。

十、用括号里的词语完成句子：

Complete the sentences with the words given in the brackets:

(1) 这件衣服对你不合适。_____。（显得）

(2) 考试结束的时间已经到了，_____。（催）

(3) 公共汽车上人太多了，_____。（好不容易）

(4) 我有几个问题不明白，问他的时候，_____。（耐烦）

(5) _____，不要去麻烦她了。（这么）

阅读与思考
Reading and thinking

"金利来"是怎么来的？

"金利来"这个品牌已经"誉满全球"了，这几年在中国大陆的生意也做得越来越好。据说，它的成功是由于老板曾宪梓在广告上花钱。这当然是一个因素。但是，从广告来说，花钱也还不是全部，善于设计品牌的名字可能是更重要的。

"金利来"是从香港开始发达的。本来，它的英文品牌是goldlion，意思是"金狮"。这个品牌对于打开商品市场，面向西方世界产生了重要的作用。因为香港曾经是英国殖民地的一部分，而英国一直把"金狮"作为英国的象征，这样的品牌当然受到英国人的欢迎。

但是对于大多数香港人来说，"狮"字却是一个忌讳，因为广东话"狮"的读音很像"死"，这个字人们当然不愿意接受。对于香港和东南亚华人社会这一个大市场来说，没有中文品牌也是不聪明的。于是，设计者用了一个特别的对译法：把lion分成两个音节：li和on，li音译成"利"，on意译成"来"，因为on在英语中是个介词，可以表示运动的方向；gold对译成"金"，这样，就有了"金利来"的中文品牌。对于华人来说，这个名字吉利得很，当然也就受到了广泛的欢迎。

思考题：
Answer the questions
(1) "金利来"成功的最重要的原因是什么？
(2) "金利来"这个中文品牌是怎么设计出来的？
(3) "金利来"的成功说明应该怎么给商品起名字？

词语 New words

1. 品牌　　pǐnpái　　（名）　brand
2. 誉满全球　yù mǎn quán qiú　famed the world over
3. 大陆　　dàlù　　（名）　the Mainland
4. 肯　　　kěn　　　（动）　to be willing to
5. 设计　　shèjì　　（动）　to design; to plan
6. 发达　　fādá　　（形）　developed; flourishing
7. 殖民地　zhímíndì　（名）　colony
8. 象征　　xiāngzhēng（名）　symbol
9. 广泛　　guǎngfàn　（形）　widespread

专名 Proper names

曾宪梓　　Zēng Xiànzǐ　　name of a person

单元练习二(第4—6课)

Exercises of Unit Two (Lesson Four~Lesson Six)

一、把括号中的词语填入合适的位置（10%）

Put the words in brackets in a proper place:

(1) 李老师正 A 上 B 课 C 呢，你过 D 一会儿再来吧。（着）
(2) 昨天来 A 找 B 我的那个人在 C 我们学校有名 D 呢！（着）
(3) A 除了苹果以外，B 我 C 爱 D 吃香蕉。（还）
(4) 除了这个句子，A 别的句子的 B 意思 C 我 D 明白。（都）
(5) 星期六 A 我们 B 骑自行车 C 到动物园 D 去的，不是坐车去的。（是）
(6) 他的故事 A 感动 B 大家都 C 流 D 泪了。（得）
(7) 咱们去那家饭店吃 A 饭吧，那里的饭菜 B 好吃 C 很 D。（得）
(8) 多穿一件衣服吧，A 今天 B 早上 C 冷 D。（有点儿）
(9) A 你的话我 B 也 C 听不懂 D，你能不能再说一遍？（一点儿）
(10) 在我家，除了妈妈 A 会做饭以外，B 姐姐 C 会 D 做。（也）

二、选择合适的词语填空（20%）

Fill in the blanks, choosing a proper word:

(1) 写汉字 _____ 我来说可不是一件容易的事。
  a. 跟   b. 向   c. 对   d. 给

(2) 他看 _____ 看 _____ 信，不知为什么突然笑了起来。
  a. 着……着   b. 过……过
  c. 了……了   d. 了……着

(3) 我的朋友多 _____ 呢，他们都愿意帮助我，你放心吧。
  a. 得   b. 很   c. 着   d. 极

(4) 快过春节了，我很想回家 _____ 。
  a. 团聚亲人   b. 和亲人团聚
  c. 给亲人团聚   d. 亲人团聚

(5) 汉语口试的时候，他紧张 _____ 一句话也说不出来。
  a. 地   b. 的   c. 得   d. 了

(6) 我们班除了我不喜欢运动以外,王刚_____不喜欢。
　　　a. 还　　　　b. 也　　　　c. 都　　　　d. 又

(7) 怪不得她穿得这么漂亮,_____今天是她生日。
　　　a. 原来　　　b. 本来　　　c. 以前　　　d. 原先

(8) 我很想我的父母,我_____希望他们能来看我啊!
　　　a. 这么　　　b. 什么　　　c. 多么　　　d. 怎么

(9) 他说汉语说得_____好,像中国人一样。
　　　a. 特别　　　b. 特地　　　c. 特意　　　d. 特点

(10) 今天学的生词很难,我读了半天,好不容易_____记住了。
　　　a. 就　　　　b. 没　　　　c. 不　　　　d. 才

(11) 这个教室虽然已经打扫了,但是打扫得很_____,再打扫一下吧。
　　　a. 干净干净　b. 不干净　　c. 干干净净　d. 不干干净净

(12) 妈妈在桌子上_____好了酒菜,请客人们入座。
　　　a. 端　　　　b. 拿　　　　c. 摆　　　　d. 买

(13) 这个菜不好吃,把它_____走吧。
　　　a. 摆　　　　b. 端　　　　c. 放　　　　d. 推

(14) 她会唱很多歌儿,_____也有汉语歌儿。
　　　a. 其中　　　b. 其他　　　c. 其实　　　d. 其余

(15) 听到那个小青年说得太不像话,爷爷_____发起火来。
　　　a. 忍不住　　b. 忍住　　　c. 忍得住　　d. 不忍

(16) 老师只_____讲课,忘了下课时间了。
　　　a. 顾　　　　b. 催　　　　c. 举　　　　d. 夸

(17) 爷爷讲的故事把孩子们都吸引_____了。
　　　a. 好　　　　b. 完　　　　c. 上　　　　d. 住

(18) 你看,他爬山爬得_____快啊,他一定能得第一名。
　　　a. 多　　　　b. 怎么　　　c. 什么　　　d. 怎么样

（19）妈妈每天早上都要_____儿子起床。
　　　a. 摸　　　　b. 顾　　　　c. 催　　　　d. 握

（20）工厂里的烟经常_____空气，使空气越来越脏。
　　　a. 燃放　　　b. 污染　　　c. 发现　　　d. 出现

三、用所给格式改写句子（10%）

Rewrite the sentences, using the forms given below:

（一）V.着+V.着

（1）我们开会的时候，他站起来走了。

（2）老师讲课的时候，忽然觉得有点儿不舒服。

（二）……着呢

（3）他买的那辆车真漂亮！

（4）她唱歌儿唱得真好听！

（三）对……来说

（5）我觉得汉语的语法不太难。

（6）孩子们最快乐的事儿就是玩儿。

（四）用"很"作程度补语

（7）那个市场的菜很新鲜，我们到那里去买吧。

（8）儿子出国了，家里非常冷清。

（五）用状态补语改写句子

（9）儿子考上了大学，妈妈很高兴，她流下了眼泪。

（10）爬上了那座高山以后，我们都累了，躺在山顶上一动也不想动。

四、用所给格式完成对话（5%）

Complete the dialogues, using the forms given below:

（一）"是……的"格式

（1）A：你是什么时候开始学汉语的？
　　　B：_____。

（2）A：刚才你去商店了吧？跟谁一起去的？
　　　B：_____。

（3）A：你父母是做什么工作的？
　　　B：_____。

（二）"是"表示强调

（4）A：听说那家超市的东西很多，真的吗？
　　　B：_____，什么都有。

（5）A：我们见过面，你忘了吗？
　　　B：_____，我想起来了。

五、给下列动词加上合适的宾语（15%）

Write out proper objects of the verbs:

洒_____　　骑_____　　摇_____　　锁_____
推_____　　握_____　　摸_____　　举_____
包_____　　抱_____　　摆_____　　端_____
哼_____　　催_____　　寄_____

六、选择合适的量词填空（10%）

Fill in the blanks, choosing a proper measure word:

　　辆　座　首　段　条　碗　口　身　种　束

（1）我很喜欢听这_____乐曲。

（2）他骑着一_____破旧的自行车。

（3）那_____街上有个很大的书店。

（4）人们把晚上十一点到一点这_____时间叫"子时"。

（5）中国的南方人过春节吃年糕是表达心愿的一_____方式。

单元练习二

(6) 今天是爷爷的生日，他穿了一 _____ 新衣服。

(7) 为了给爷爷过生日，我们一家三 _____ 人决定到饭店去吃饭。

(8) 今天早饭我吃了一 _____ 面条。

(9) 看，他手里拿着的那 _____ 花儿真好看！

(10) 那 _____ 山高不高？

七、判断下列句子正误（10%）

Judge which sentence is right and which is wrong:

(1) 我要买那本词典，我对那本词典来说很重要。（   ）

(2) 校长笑对我们说："请进来吧"。（   ）

(3) 他正上着课呢，你在办公室里等一会儿吧。（   ）

(4) 我们散步着散步着，下起雨来了。（   ）

(5) 原来他病了，怪不得他没来上课。（   ）

(6) 我是坐火车来的，不坐飞机来的。（   ）

(7) 我们除了星期六不上课以外，星期天也不上课。（   ）

(8) 他回答问题回答得不错。（   ）

(9) 她很喜欢看书，经常看忘了吃饭。（   ）

(10) 他的身体不错，只是一点儿瘦。（   ）

八、用括号中所给格式完成对话（10%）

Complete the dialogues, using the constructions given in brackets:

(1) A：今天学的词语你都会用了吗？

　　B：_____。（除了……以外，……都……）

(2) 你会说几种外语？

　　B：_____。（除了……，还……）

(3) A：这个学校的情况你熟悉吗？

　　B：我以前不太熟悉，_____。（越来越……）

(4) A：你的书怎么在我的桌子上？

　　B：怪不得我找不到书，_____。（原来）

(5) A：你想吃什么，我给你做。

　　B：_____。（算了，……）

（6）A：客人就要来了，饭菜做好了吗？

　　　B：太麻烦了，忙了一个上午，_____。（好不容易）

（7）A：她怎么哭了？

　　　B：她的小狗丢了，_____。（忍不住）

（8）A：你有时间吗？我想跟你谈谈。

　　　B：好啊。_____。（边……边……）

（9）A：他回国了？我怎么不知道？

　　　B：他家有急事，_____，就回国了。（来不及……）

（10）A：这是我女儿，我带她去幼儿园。

　　　B：_____！今年几岁了？（多么……啊）

九、在空格处写上合适的汉字（10%）

Write a proper Chinese character in each blank:

春节是中国最重_____的节日。这一天人们都要回家和亲人_____聚。如_____是在农村，天还不亮，就开始按_____辈分_____相拜_____了。而在城市，拜年有很多种方_____，比如可以_____贺卡、_____电话，或者_____花儿。总之，每个人都希望自己的亲人和朋友幸福快乐。

第 7 课

YOU KONGMIAO

游 孔 庙

游孔庙

昨天晚饭时,卡里对我说:"明天又到周末了,你有什么计划没有?如果没有别的安排,就陪我到曲阜去,好吗?"

"你不是去过一次曲阜了吗?也参观过孔庙、孔府和孔林。"我问卡里。

"对,是去过一次。但那次只是粗略地看了看,再说,那时我只学过两个月汉语,导游的话也听不懂。这次我想仔细地参观一遍。"

"好吧,我虽然已经去过几次,但还想认真地看一遍。咱们明天早上六点就出发。"我痛快地答应了。

今天早上,我们吃了早饭就动身了。一路上,车开得很快,两个半小时以后我们就到达了目的地。下车以后我们就开始参观孔庙。

"卡里,你知道孔庙里最主要的建筑是什么吗?"我问卡里。

"当然知道,是大成殿,那是祭拜孔子的殿堂。我听说每年在大成殿前边都要举行庆祝活动。"卡里回答说。

"对,每年孔子诞辰的时候,人们穿着古代的服装,表演古代歌舞,表示对孔子的纪念。"我回答说。

"到那时候咱们再来看。你瞧,这些石柱上的龙刻得像真的一样!"卡里指着大成殿前的十根石柱大声地说。

"这叫深浮雕,刻得确实漂亮。传说清代的一个皇帝来这里祭拜孔子,孔子的后代不敢让皇帝看见这些石柱,怕他看到这里的石刻技术超过了他皇宫的,一定很生气,就在石柱外面包上了红绫。"

"皇帝也来祭拜孔子?"卡里又问。

第7课 游孔庙

"清代的许多皇帝都来过曲阜,其中乾隆皇帝一个人就来过八次。他还在孔子故宅旁边喝过井水,祭拜过孔子呢!"

"对了,刚才咱们参观过的那个小门就是孔子故宅的门吧?"

"对,那是孔庙中最古老的地方。孔子去世后的第二年,他住过的那三间房子改成了庙,里边放着孔子用过的东西、弹过的琴和看过的书。那就是最早的孔庙。"我向卡里解释说。

"那么小?可是我们今天看到的孔庙这么大!这是什么时候建成的?"卡里又问了一个问题。

"今天的样子是明代和清代建成的。从孔子去世到明代,中间经过了很多朝代,每个朝代都重修和扩建过孔庙。"我答道。

在孔庙里,除了大成殿以外,我们还参观了杏坛、御碑亭、圣迹殿等地方,每个地方卡里都看得很仔细。回来的路上,卡里对我说:"这儿有意思的东西真多,我对这里越来越感兴趣了。过些时间咱们再来一趟吧!"

"好啊,那咱们就是'三下曲阜'了!"

词语 New words

1. 安排	ānpái	(名、动)	plan; to arrange
2. 陪	péi	(动)	to accompany
3. 粗略	cūluè	(形)	rough; not accurate
4. 导游	dǎoyóu	(名)	tour guide
5. 痛快	tòngkuài	(形)	delighted; without hesitation
6. 答应	dāying	(动)	to promise; to agree
7. 动身	dòng shēn		to set out
8. 到达	dàodá	(动)	to arrive
9. 目的地	mùdìdì	(名)	destination
10. 祭拜	jìbài	(动)	to hold a memorial ceremony for
11. 殿堂	diàntáng	(名)	hall; palace

12. 举行	jǔxíng	（动）	to hold
13. 庆祝	qìngzhù	（动）	to celebrate
14. 活动	huódòng	（名）	activity
15. 诞辰	dànchén	（名）	birthday
16. 表演	biǎoyǎn	（动）	to perform
17. 表示	biǎoshì	（动）	to show; to express
18. 纪念	jìniàn	（动、名）	to commemorate; commemoration
19. 瞧	qiáo	（动）	to look
20. 石柱	shízhù	（名）	stone pillar
21. 龙	lóng	（名）	dragon
22. 刻	kè	（动）	to carve
23. 像……一样	xiàng…yíyàng		to look like as
24. 深	shēn	（形）	deep
25. 浮雕	fúdiāo	（名）	embossment
26. 确实	quèshí	（副、形）	really
27. 敢	gǎn	（动）	to dare
28. 皇帝	huángdì	（名）	emperor
29. 超过	chāoguò	（动）	to surpass
30. 红绫	hónglíng	（名）	red silk
31. 故宅	gùzhái	（名）	former residence
32. 改	gǎi	（动）	to change
33. 建	jiàn	（动）	to build
34. 重	chóng	（副）	again
35. 扩建	kuòjiàn	（动）	to extend

专名 Proper names

1. 曲阜	Qūfù	name of a city
2. 孔庙	Kǒngmiào	the Kong Temple
3. 孔府	Kǒngfǔ	the Kong Mansion
4. 孔林	Kǒnglín	the Kong Cemetery
5. 大成殿	Dàchéngdiàn	the Dacheng Hall
6. 乾隆皇帝	Qiánlóng huángdì	the Emperor Qianlong

第 7 课　游 孔 庙

7. 明代	Míngdài	the Ming Dynasty
8. 清代	Qīngdài	the Qing Dynasty
9. 杏坛	Xìngtán	the place where Confucius gave lectures
10. 御碑亭	Yùbēitíng	*name of pavilions*
11. 圣迹殿	Shèngjìdiàn	*name of a hall*

语法 Grammar

一、动态助词"过"

The aspect particle "过"

1. 动态助词"过"用于动词、形容词后表示某种动作或状态过去曾发生或存在过，重点在于说明有过这种经历。例如：

The aspect particle "过" is used after a verb or an adjective to show that an action did happen or a state did exist in the past, with the stress on the fact one has had such a past experience. For example:

（1）留学生们参观过孔庙。

（2）上个月热过几天。

2. 动态助词"过"后常有动量词或表示时间的词在句中做数量补语。例如：

A verbal-measure word or a word denoting time put after the aspect particle can be used as the complement of quantity. For example:

（1）那个问题上星期我们研究过一次。

（2）上个月我去过三趟北京。

（3）这个星期我见过他一次。

（4）你学汉语学过多长时间？我学过两年。

3. 动词后用"过"或者"了"，主要区别是："了"表示完成，"过"表示经验。例如：

The difference between "了" and "过" after a verb is that "了" indicates the completion of an action while "过" indicates a past experience. For example:

（1）我打算下了课就去邮局。

（2）昨天我看了一部电影。

(3) 我听过这个故事，现在还记得这个故事的内容。
(4) 学生们去过老师的家，他家离学校不远。

4. 在否定句中，"了"要去掉，而"过"要保留。例如：
In a negative sentence, "了" should be dropped while "过" can't. For example:
(1) 上星期我没去上海，去北京了。
(2) 学生们还没去过大明湖，他们准备明天去。
(3) 这件事儿他没跟我讲过，我不知道。

二、数量补语（1）
The complement of quantity (1)

数量补语可以表示动作、行为的数量，一般由动量词充任。在数量补语和谓语之间经常用动态助词"了"或"过"。例如：

The complement of quantity can indicates the quantity of action and it is served by the verbal measure words. Between the complement and predicate is often the aspect particle "了" or "过". For example:

(1) 这本书你看过几遍了？
(2) 他拍了一下桌子，让大家安静下来。
(3) 爸爸看了他一眼，什么也没说。

三、结构助词"地"
The structural particle "地"

"地(de)"用在修饰动词的状语后边。单音节形容词做状语修饰动词，后边一般不加"地"；双音节形容词做状语修饰动词时，中间有时要加结构助词"地"，有时也可不加；如果做状语的形容词前又有状语，"地"不能省略。例如：

The structural particle "地" is used after the adverbial adjunct to modify a verb. When a monosyllable adjective is used as an adverbial adjunct, it usually takes no "地" after it. When a disyllabic adjective is used as an adverbial adjunct between the adverbial adjunct and what it qualifies "地" can be used and sometimes can be omitted. "地" can never be omitted if an adjective serving as an adverbial adjunct is preceded by another adverbial adjunct. For example:

(1) 快走吧，要迟到了。
(2) 孩子们高兴地回家了。
(3) 希望你们认真（地）学习，早一点儿学好汉语。
(4) 他十分清楚地回答了老师的问题。

第 7 课 游 孔 庙

练 习 Exercises

一、根据课文回答问题：

Answer the questions according to the text:

(1) 第一次去曲阜的时候，卡里参观得怎么样？为什么？
(2) 他们是什么时候动身的？他们坐车到曲阜用了多长时间？
(3) 大成殿是什么地方？那儿的建筑有什么特点？
(4) 关于大成殿前的石柱，历史上有什么传说？
(5) 孔庙中最古老的地方是哪儿？
(6) 现在孔庙的样子是什么时候建成的？
(7) 他们还参观了孔庙里的哪些地方？
(8) 他们喜欢曲阜吗？从哪儿可以知道？

二、选择合适的词语填空：

Fill in the blanks, choosing a proper word:

(1) 北方的雪景美极了，我在南方住了二十多年，一次也没有见 _____ 雪。
    a. 了   b. 过   c. 得   d. 的

(2) 你给我们介绍介绍青岛的情况吧，咱们这几个人中只有你以前到 _____ 青岛。
    a. 了   b. 着   c. 去   d. 过

(3) 你等我的电话吧，明天我到 _____ 北京，就给你打电话。
    a. 过   b. 了   c. 去   d. 着

(4) 他们是开车去的曲阜，一路上车开 _____ 很快。
    a. 的   b. 地   c. 得   d. 了

(5) 一下课，孩子们就飞快 _____ 跑出了教室。
    a. 得   b. 着   c. 的   d. 地

(6) 除了这两个音以外，其他的音你都发 _____ 非常清楚。
    a. 地   b. 得   c. 的   d. 了

(7) 下午要去医院看王老师，我们买 _____ 一些水果和一束鲜花。
    a. 了   b. 过   c. 着   d. 的

(8) 这种红色衬衣正是妈妈喜欢_____那种。
   a. 的　　　　b. 得　　　　c. 地　　　　d. 了

(9) 今天我感冒了，今年冬天我还没有得_____一次感冒呢。
   a. 过　　　　b. 了　　　　c. 着　　　　d. 到

(10) 到达北京的_____，他就去长城了。
   a. 下一天　　b. 明天　　　c. 下个天　　d. 第二天

(11) 我去他家找过_____，他都不在家。
   a. 两次他　　b. 他两下　　c. 他两次　　d. 两下他

(12) 导游非常仔细_____给游客们介绍了南京的情况。
   a. 的　　　　b. 得　　　　c. 地　　　　d. 着

(13) 我想用_____你的电话，可以吗？
   a. 一下　　　b. 一趟　　　c. 一点儿　　d. 一个

(14) 这种咖啡好喝吗？我尝_____。
   a. 一眼　　　b. 一身　　　c. 一口　　　d. 一声

(15) 这个房间原来是他的卧室，现在改_____了他的书房。
   a. 好　　　　b. 变　　　　c. 完　　　　d. 成

三、选择"过"或"了"填空：
Fill in the blanks, choosing "了" or "过"：

(1) 这本书以前我没有看_____，所以不了解它的内容。
(2) 下午下_____课，我们就去书店。
(3) 昨天我在商店里买_____一辆自行车。
(4) 那位老师以前给我们上_____课，我认识他。
(5) 卡里去_____两次曲阜，他还打算再去。
(6) 以前她没有用中文跟人谈_____话，今天是第一次。

四、选择"的"、"得"、"地"填空：
Fill in the blanks, choosing "的"、"得" or "地"：

(1) 朋友用茶和刚买来_____糖果热情_____招待他们。
(2) 老师很热情_____给我们介绍了学校_____情况。

第 7 课 游 孔 庙

(3) 上课时，老师说 _____ 很慢，我们都听 _____ 很清楚。

(4) 车开 _____ 很快，不一会儿，我们就到达了要参观 _____ 地方。

(5) 这支笔比那支贵 _____ 多。

(6) 看，学生们都在认真 _____ 做作业呢。

(7) 那个穿红衬衣 _____ 学生叫安娜。

(8) 他 _____ 学习成绩好 _____ 很。

五、选择"再"或"又"填空：
Fill in the blanks, choosing "再" or "又":

(1) 这种苹果很好吃，我想 _____ 吃一个。

(2) 我去过一次千佛山，昨天 _____ 跟朋友去了一次。

(3) 你不是要去商店吗？已经五点半了，_____ 不去，可就要关门了。

(4) 我们先做作业，等做完了作业，_____ 去散步吧。

(5) 明天 _____ 是星期六了，我打算到书店去买几本书。

(6) 你卖的价钱还是有点儿贵，能不能 _____ 便宜一点儿？

六、用"就"完成句子：
Complete the sentences with "就":

(1) 今天的作业不太多，我只用了半个小时 _____。

(2) 我只等了三分钟，汽车 _____。

(3) 爸爸喜欢运动，每天早上不到六点 _____。

(4) 我们刚到火车站，火车 _____。

(5) 这个问题不难，老师讲了一遍，_____。

七、用"再说"完成句子：
Complete the sentences, using "再说":

(1) 自己做饭很麻烦，_____，我们去饭店吃吧。

(2) 老师说话太快，_____，我打算换班。

(3) 今年的暑假很长，我打算回国去看父母，_____。

(4) 你今天身体不舒服，_____，你就不要去参加那个活动了。

(5) 你别买这本书了，太贵了，_____。

八、选择合适的形容词填空：

Fill in the blanks, choosing a proper adjective:

> 痛快　　粗略　　仔细　　古老　　主要

(1) 他做完作业以后，又_____地检查了一遍。
(2) 我在青岛只住了一天，_____地参观了一下那个城市。
(3) 我病了，没去上课，今天老师_____讲了哪些内容？
(4) 中国民间有许多既_____又有意思的传说。
(5) 考试结束了，今天晚上咱们可得_____地玩玩！

九、用"像……一样"和所给词语完成句子：

Complete the sentences with "像……一样" and the words given in the brackets:

(1) 那条龙刻得真好，_____。（活的）
(2) 他很关心我，经常帮助我，_____。（哥哥）
(3) 虽然现在快要到冬天了，_____。（春天）
(4) 他认为汉字很难写，_____。（画画儿）
(5) 我爷爷的身体很健壮，_____。（年轻人）

十、选择合适的动词填空：

Fill in the blanks, choosing a proper verb:

> 陪　经过　动身　到达　举行　答应　建　表演　表示　去世

(1) 孔子是在公元前的497年_____的。
(2) 国庆节的时候，学校里要_____什么活动？
(3) 明天我要_____朋友到百货大楼去。
(4) 听说大家明天去爬山，几点_____？
(5) 周末晚会上，每个人都_____了节目。
(6) 他点了点头，_____同意我的意见。
(7) 爸爸_____在儿子生日的时候给他买一辆新自行车。
(8) 当我们坐的汽车_____学校的时候，老同学们热情地欢迎了我们。
(9) _____一年的进修，他的汉语水平有了很大的提高。
(10) 这座高架桥是哪一年_____成的？

第7课 游孔庙

阅读与思考 Reading and thinking

历史名城曲阜

"曲阜"二字最早在《礼记》这本书上出现过。"阜"是小土山,"曲"的意思是"曲折"。因为城的东边有曲曲折折的土山,所以取名叫"曲阜"。

曲阜位于山东省的南部,是我国的历史文化名城。那里是我国古代著名的思想家、教育家和儒家学派创始人孔子的诞生地。那里不但地上有气势宏大的古代建筑群,而且地下有丰富的文物和古迹。

春秋时期,鲁国在曲阜建立了国都,因此,曲阜的经济、文化发展得很快。鲁国的那个历史阶段成了曲阜最强盛的时期,所以山东今天的简称叫"鲁"。当时,山东还有一个重要的国家,叫齐国,所以,山东又叫"齐鲁"。

曲阜的文化古迹大部分都位于城内外。城的中心有孔庙,那是祭祀孔子的地方。孔庙的旁边是孔府,是孔子的嫡系子孙的住处。城的北门外边有孔林,那里是孔子和他的子孙的墓地。另外,城的东南边还有一座山,叫尼山,孔子在公元前551年出生在尼山下的昌平乡。传说孔子取名叫"丘"、字叫"仲尼"都和尼山有关系。

最近几年,在曲阜又建了"六艺城"和"《论语》碑苑"等,人们可以更多、更全面地了解孔子。

思考题:
Answer the questions

(1) 曲阜是个什么样的地方?为什么取名叫"曲阜"?
(2) 山东的简称是什么?为什么又叫"齐鲁"?
(3) 曲阜有些什么名胜古迹?
(4) 你去过曲阜吗?在那里参观过哪些地方?

词语 New words

1. 曲折	qūzhé	(形)	winding
2. 取名	qǔ míng	(动)	to give a name to
3. 著名	zhùmíng	(形)	famous
4. 学派	xuépài	(名)	school
5. 创始人	chuàngshǐrén	(名)	founder

6. 诞生	dànshēng	(动)	to be born
7. 气势	qìshì	(名)	vigour
8. 宏大	hóngdà	(形)	grand
9. 群	qún	(名)	group
10. 强盛	qiángshèng	(形)	powerful and prosperous
11. 嫡系	díxì	(名)	direct line of descent
12. 全面	quánmiàn	(形)	overall

专名 Proper names

1.《礼记》	Lǐjì	title of a book
2. 儒家学派	Rújiā xuépài	Confucius school
3. 鲁国	Lǔguó	the Lu state
4. 齐国	Qíguó	the Qi state
5. 尼山	Ní Shān	Mount Ni
6. 昌平乡	Chāngpíng Xiāng	name of a place
7. 丘	Qiū	name of Confucius
8. 仲尼	Zhòngní	another name of Confucius
9. 六艺城	Liùyìchéng	name of a place
10.《论语》碑苑	Lúnyǔ Bēiyuàn	name of a place

第8课

GANXIE TINGDIAN

"感谢"停电

"感谢"停电

生活像模子一样,做出了每一个相同的日子。每天早上早早起床,大人上班,女儿去幼儿园。晚上回到家,妻子和我匆匆忙忙地弄好晚饭,马马虎虎地吃饱肚子,然后,坐在沙发上看电视。从《新闻联播》开始,不管是什么节目,都会一直看下去,直到每个电视台的播音员说"再见"。

那天,一切都和平时一样,只是刚吃完晚饭,就突然停了电,电视不能看了。饭后无事可做,女儿提出:"好久没有散步了,去操场好不好?"于是,一家三口来到操场上。女儿安排我们做了好几个从幼儿园学来的游戏,一家人玩儿得高高兴兴。

回到家中,坐在烛光下觉得很无聊,忽然看见了挂在墙上的吉他。拿下长时间不用的吉他,先试着弹了两首曲子,手指渐渐灵活了,然后,我一首接一首地弹,妻子一首接一首地唱。听到这些我们年轻时候一起唱过的老歌,好像又回到了恋爱的季节。女儿听得入了迷,也要参加演唱,我只好用吉他给她的儿歌伴奏。这个晚上,我们一家人痛痛快快地唱了很久。

"感谢"停电!生活中本来有许多美好的时刻,可是看电视却占去我们那么多的时间和精力。现代人越来越忽视感情的交流,爱情、亲情、友情都淡薄了。但是在这个晚上,只因为停电,我的家中却充满了温暖、快乐的气氛。

第8课 "感谢"停电

词语 New words

1. 模子	múzi	（名）	model
2. 相同	xiāngtóng	（形）	identical; the same
3. 匆忙	cōngmáng	（形）	hastily; in a hurry
4. 弄	nòng	（动）	to handle; to do
5. 马虎	mǎhu	（形）	careless
6. 沙发	shāfā	（名）	sofa
7. 不管……都……	bùguǎn…dōu…		no matter how
8. 播音员	bōyīnyuán	（名）	announcer
9. 平时	píngshí	（名）	at ordinary times
10. 刚……就……	gāng…jiù…		no sooner...than, as soon as
11. 提	tí	（动）	to raise
12. 操场	cāochǎng	（名）	sports ground
13. 于是	yúshì	（连）	thereupon; hence
14. 游戏	yóuxì	（名）	game
15. 烛光	zhúguāng	（名）	candlelight
16. 无聊	wúliáo	（形）	bored
17. 吉他	jítā	（名）	guitar
18. 弹	tán	（动）	to play (a stringed musical instrument)
19. 曲子	qǔzi	（名）	musical composition
20. 手指	shǒuzhǐ	（名）	finger
21. 渐渐	jiànjiàn	（副）	gradually; little by little
22. 灵活	línghuó	（形）	flexible
23. 恋爱	liàn'ài	（动）	to love
24. 季节	jìjié	（名）	season
25. 入迷	rùmí	（动）	to be fascinated
26. 只好	zhǐhǎo	（副）	have to
27. 伴奏	bànzòu	（动）	to accompany (with musical instruments)
28. 本来	běnlái	（副）	originally

29. 时刻	shíkè	（名）	time; moment
30. 占	zhàn	（动）	to take; to occupy and use
31. 精力	jīnglì	（名）	energy; vigour
32. 忽视	hūshì	（动）	to ignore
33. 交流	jiāoliú	（动）	to exchange; to interflow
34. 淡薄	dànbó	（形）	thin; faint
35. 充满	chōngmǎn	（动）	to be full of
36. 温暖	wēnnuǎn	（形）	warm
37. 气氛	qìfēn	（名）	atmosphere

语法 Grammar

一、形容词重叠

Reduplication of adjectives

汉语中有一部分形容词可以重叠。形容词重叠后，表示程度加深，或者增强了喜爱、赞美等感情色彩。

In Chinese, some adjectives are reduplicated for a more intense effect or to add some emotional colour such as like, love or admiration, etc.

1. 单音节形容词重叠：格式为 A － AA。例如：

The reduplication of monosyllabic adjectives. The form is A － AA. For example:

(1) 她有一双大大的眼睛。
(2) 老人慢慢地走远了。
(3) 那个孩子小脸洗得白白的。
(4) 他的个子高高的。

2. 双音节形容词重叠：格式为 AB － AABB。例如：

The reduplication of disyllabic adjectives. The form is AB － AABB. For example:

(1) 那是一间干干净净的新房子。
(2) 他舒舒服服地躺在床上。
(3) 她今天穿得漂漂亮亮的。
(4) 他的父亲普普通通。

第8课 "感谢"停电

注意：①单音节形容词和双音节形容词重叠后做定语时，后边一般都要加"的"。

To pay attention: When either a reduplicated monosyllabic adjective or a reduplicated disyllabic adjective is used as an attributive, it is usually followed by the word"的".

②单音节形容词重叠后做状语时，后边的"地"可有可无；双音节形容词重叠后做状语时，后边一般需加"地"。

When a reduplicated monosyllabic adjective is used as an adverbial, it can be used either with "地"or without. When a reduplicated disyllabic adjective is used as an adverbial, the word "地" is usually added to it.

③单音节形容词重叠后做状态补语时，后边一般要加"的"；双音节形容词重叠后做状态补语时，后边的"的"可有可无。

When a reduplicated monosyllabic adjective is used as an complement of state, the word "的" is usually added to it. When a reduplicated disyllabic adjective is used as an complement of state, it can be used either with "的" or without.

④单音节形容词重叠后做谓语时，后边一般要加"的"；双音节形容词重叠后做谓语时，后面的"的"可有可无。

When a reduplicated monosyllabic adjective is used as an predicate, the word "的" is usually added to it. When a reduplicated disyllabic adjective is used as an predicate, it can be used either with "的" or without.

⑤形容词重叠后已经表示加深了程度，所以前边不能再有表示程度的副词"很"、"非常"、"挺"等等，也不能用"不"来否定。

Reduplicated adjectives indicate the degree have deepened, so they are not modified by adverbs denoting degree, such as "很"、"非常"、"挺" etc, nor can they be negated by "不".

二、"不管（无论／不论）……，都（也）……"格式

The construction "不管（无论／不论）……，都（也）……"

这个格式表示在任何一种条件下，结果或情况都不会改变。"不管（无论／不论）"的后边常有一个疑问词的结构来表示条件，疑问形式可以是用疑问代词的，也可以是正反或选择形式的疑问结构。例如：

The construction shows that no matter what happens, the result remains the same. "不管（无论／不论）" often followed by a question, which may be one with an interrogative pronoun, an "affirmative + negative" question or alternative question. For example:

（1）不管做什么，他都很认真。

（2）不论他怎么说，父母也不同意他出国。

(3) 无论我忙不忙，都会再来看你。

(4) 无论天气好还是不好，我们今天都要动身。

三、"刚（刚）……就……"格式

The construction "刚……就……"

表示前后两个动作或状态紧接着发生，这一格式一般用于过去时。例如：

The construction indicates that after the first action takes place, the second follows immediately. It is usually used in past time. For Example:

(1) 他的病刚好，就去上班了。

(2) 我刚刚坐下，电影就开演了。

练习 Exercises

一、根据课文回答问题：

Answer the questions according to the text:

(1) "我"对每天的生活满意吗？

(2) "我"常常看电视吗？

(3) 在停电的这天晚上"我"一家做了什么？

(4) 在这个晚上，"我"对生活有了什么新的体会？

二、选择合适的词语填空：

Fill in the blanks, choosing a proper word:

(1) 孩子们都睡着了，房间里 _____。
    a. 安静安静的　　　　　　b. 安安静静的
    c. 很安静安静　　　　　　d. 非常安安静静的

(2) 她总是穿得 _____。
    a. 漂漂亮亮的　　　　　　b. 非常漂漂亮亮
    c. 漂亮漂亮　　　　　　　d. 很漂亮漂亮的

(3) 树上的苹果 _____。
    a. 很红红　　b. 红红　　c. 红红的　　d. 十分红红

第8课 "感谢"停电

（4）今天咱们一定要_____喝几杯。
　　a. 高兴　　　　　　　　b. 高兴高兴
　　c. 高高兴兴得　　　　　d. 高高兴兴地

（5）他_____个子，圆圆的脸，很容易找到他。
　　a. 很高　　b. 高高　　c. 高高的　　d. 长长

（6）这辆车里_____，我们还是等下一辆吧。
　　a. 挤满满的　b. 挤满的　c. 挤得满满的　d. 满满挤得

（7）我昨天觉得身体_____，就没去爬山。
　　a. 不舒舒服服　b. 没舒服　c. 不舒服　d. 不舒服舒服

（8）这就是我知道的_____，我都告诉你了！
　　a. 一切　　b. 一共　　c. 完全　　d. 一起

（9）_____天气好不好，他每天早上都去跑步。
　　a. 尽管　　b. 不管　　c. 虽然　　d. 要是

（10）事故发生得非常_____，谁都没有想到。
　　a. 忽然　　b. 突然　　c. 一下子　　d. 马上

（11）昨天我头疼得很，_____向老师请了个假。
　　a. 真好　　b. 最好　　c. 很好　　d. 只好

（12）你_____离开，你的同学就来了。
　　a. 刚刚　　b. 渐渐　　c. 暗暗　　d. 悄悄

（13）他从三岁的时候开始就学习_____钢琴了。
　　a. 弹　　b. 打　　c. 拉　　d. 敲

（14）我们的新年晚会_____了欢乐的气氛。
　　a. 放满　　b. 挤满　　c. 充满　　d. 装满

（15）我很想看这场足球比赛，你帮我_____一张门票吧。
　　a. 做　　b. 弄　　c. 提　　d. 夺

三、用形容词的重叠形式改写下列句子：
Rewrite the sentences with the form of reduplicated adjectives:

（1）他手里拿着一本很厚的词典。
（2）她的头发剪得很短。

(3) 那个旅客非常客气地跟我们打招呼。
(4) 这个人很矮,很胖。
(5) 他的生日晚会办得非常热闹。
(6) 身体不好,你应该很好地休息。
(7) 幼儿园的孩子们都穿着很干净的衣服。
(8) 他的发音很清楚。

四、改正下列错句:
Correct the mistakes in the following sentences:

(1) 爷爷每天起床起得早早。
(2) 请你简单简单地谈一谈。
(3) 她的身体非常瘦瘦。
(4) 我们找了一个安安静静地方坐下来。
(5) 请你以后很多多地关照她。

五、用"不管(无论/不论)……都……"回答问题:
Answer the questions with "不管(无论/不论)……都……":

(1) 如果明天天气不好,我们还去爬山吗?
(2) 你喜欢吃苹果、橘子还是香蕉?
(3) 入境的时候每个人都要接受检查吗?
(4) 听说那本词典很贵,你还买吗?
(5) 今年暑假你想去南方还是北方旅行?

六、用"刚(刚)……就……"格式完成句子:
Complete the sentences with the construction "刚……就……":

(1) 我刚准备给他打电话,_____。
(2) _____,外面就下雨了。
(3) 他的话刚说完,_____。
(4) _____,飞机就起飞了。
(5) 汽车刚一拐弯,_____。

七、用"于是"完成句子:
Complete the sentences with "于是":

(1) 她大学毕业了,_____。

第 8 课 "感谢" 停电

（2）我本来住在一楼，可是太吵了，_____。
（3）我很想听听音乐，_____。
（4）食堂关门了，_____。
（5）我的自行车找不到了，_____。

八、用"弄"和所给的词完成句子：
Complete the sentences with "弄" and the words given in the brackets:

（1）太渴了，我去 _____。（水）
（2）妈妈很生气，因为孩子 _____。（脏）
（3）这个问题很难，我 _____。（懂）
（4）对不起，我 _____。（坏）
（5）我刚整理好桌子上的东西，_____。（乱）

九、填写合适的量词：
Fill in the blanks with proper measure words:

（1）他坐在那儿，一 _____ 接一 _____ 地抽着烟。
（2）同学们一 _____ 接一 _____ 地走出了教室。
（3）汽车一 _____ 接一 _____ 地开了过来。
（4）吃饭的时候爸爸非常高兴，一 _____ 接一 _____ 地喝着酒。
（5）我跟他分手以后，他一 _____ 接一 _____ 地给我来信。

十、选词填空：
Fill in the blanks, choosing a proper word:

安排　马虎　入迷　无聊　忽视　交流　伴奏　占

（1）他看书看得非常 _____，一点儿也不关心身边发生的事情。
（2）教育非常重要，不能 _____ 这个问题。
（3）在我们班，女同学 _____ 一大半。
（4）在明天的晚会上我要唱歌儿，你用钢琴给我 _____ 吧。
（5）新年晚会的节目已经 _____ 好了吗？
（6）父母应该多跟孩子 _____，互相加深理解。
（7）坐火车的时候觉得很 _____，我就打开一本书看起来。
（8）他做事老是这么 _____，你看，试卷上又忘了写名字。

阅读与思考 Reading and thinking

电视要变成"狼外婆"?

在现在这个信息时代,电视已经成了"大众情人"。根据统计,现在城镇家庭的电视普及率已达到92%,农村的普及率也超过了47%。但是,什么事情都有好的一面,也有坏的一面。电视给我们的生活带来了乐趣,同时,也带来了烦恼。家长们觉得,对那些看电视常常入迷的孩子们来说,电视差不多变成"狼外婆"了。

首先,电视中大量的广告对孩子们的影响是不能忽视的。现在的广告主要的对象常常是女人和孩子。对孩子们来说,儿童食品和儿童玩具最有诱惑力。看到那些花花绿绿的商品,见到画面上那些孩子们高高兴兴的样子,听到那些甜甜蜜蜜的话语:"你有吗?""今天你喝了没有?"……他们能不动心吗?不管是不是好东西,他们都要家长买,这就培养了孩子们"要风有风"、"要雨得雨"的坏习惯,也造成了钱财的浪费。

其次,电视里常常放映动画片、故事片,孩子们当然是最热心的观众。可是,一些影片有许多鬼神、暴力等不健康的内容。孩子们很喜欢模仿,但是没有辨别是非的能力,那些不好的内容给他们幼小的心灵造成了污染,有的孩子甚至因此走上了犯罪的道路。家长们真担心:那只"狼外婆"还会继续做出什么坏事来呢?

思考题:
Answer the questions
(1) 电视在中国的普及情况怎么样?
(2) 电视对孩子们主要有哪些不好的影响?
(3) 谈谈你的国家电视业发展的情况。
(4) 你认为电视给我们的生活带来了什么影响?

词语 New words

1. 信息 xìnxī (名) information
2. 情人 qíngrén (名) lover
3. 统计 tǒngjì (动) statistics; count
4. 普及 pǔjí (动) to popularize; popular
5. 对象 duìxiàng (名) target; object
6. 诱惑 yòuhuò (动) to tempt
7. 动心 dòngxīn (动) one's mind is perturbed
8. 鬼神 guǐshén (名) ghosts and gods
9. 暴力 bàolì (名) violence
10. 辨别 biànbié (动) to distinguish
11. 甚至 shènzhì (副) even
12. 犯罪 fànzuì (动) to commit a crime (or an offence)

第9课

SHUO SHUO MINGZI

说说名字

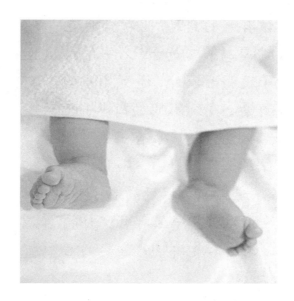

说说名字

课间休息的时候,学生们跟王老师开始聊天儿。

"老师,我能提个问题吗?"

"请尽管提。不论你们有什么问题,都可以问。"

"我发现中国人的名字有三个字的,也有两个字的,有什么区别呢?"

"除了姓之外,中国人的名字一般都是两个字,也可以用单字。用单字虽然能使孩子的名字好叫好记,但是经常出现重名的现象,特别是在公共场所,容易引起误会。"王老师解释说。

"老师,我还想了解中国人起名字的时候,要注意哪些方面?"

"父母给孩子起名时,一般注意三个方面。第一是义,名字应该有好的意思,名字里也包含了父母对子女的期望。第二是音,名字的读音要响亮好听。除了义和音以外,还有名字的形。名字的样子要好看,字既不能太简单,也不能太复杂。比如'梅兰芳'、'常香玉'、'牛得草'等名字,不但写出来很好看,而且表示美丽和幸福的意思,这些都是很好的名字。"

"老师,很多姓孔的人名字里都有'祥'、'令'、'德'等字,这是不是按照辈分起的名字?"一个学生又问道。

"对,孔氏家族历史悠久,无论谁,都严格按照规定好的辈分起名。比如,第七十五代是'祥'字,第七十六代是'令'字。不过,现在有的人已经不按照这样的辈分了。还有,孟氏家族起名字也按照姓孔的这样的辈分。"

"原来是这样。老师,有的小孩子叫什么'毛毛'、'贝贝'、'宝宝',长大了以后,也这

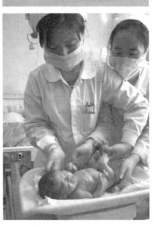

第 9 课　说说名字

么叫吗？"

"这样的名字是小名，是上学以前叫的。上学以后还应该起个大名。"

"那么，怎么样才能起一个好名字呢？"

"孩子出世前，很多年轻的父母就开始查词典、翻书、看古代诗词，希望能从里边找到一个好名字。有的请老人或者文化水平高的人给孩子起名，还有的让亲朋好友帮忙起名。不管用什么方法，父母都希望孩子能有一个既独特、又有意义的名字。"

词 语　New words

1. 课间	kèjiān	（名）	break
2. 聊天儿	liáotiānr	（动）	to chat
3. 尽管	jǐnguǎn	（副、连）	not hesitate to; although
4. 区别	qūbié	（名）	difference
5. 现象	xiànxiàng	（名）	phenomenon
6. 公共	gōnggòng	（形）	public
7. 场所	chǎngsuǒ	（名）	place
8. 引起	yǐnqǐ	（动）	to cause
9. 误会	wùhuì	（名）	misunderstanding
10. 起名字	qǐ míngzi		to give sb. a name
11. 义	yì	（名）	meaning
12. 包含	bāohán	（动）	to contain
13. 期望	qīwàng	（名）	expectation
14. 形	xíng	（名）	form; shape
15. 复杂	fùzá	（形）	complicated
16. 比如	bǐrú	（动）	for example
17. 美丽	měilì	（形）	beautiful
18. 幸福	xìngfú	（名）	happiness

19. 家族	jiāzú	(名)	kindred; family
20. 悠久	yōujiǔ	(形)	long
21. 严格	yángé	(形)	strict
22. 应该	yīnggāi	(动)	should
23. 出世	chūshì	(动)	to be born
24. 查	chá	(动)	to look up; to consult
25. 翻	fān	(动)	to turn
26. 诗词	shīcí	(名)	poems and poetry
27. 亲朋	qīnpéng	(名)	relatives and friends
28. 独特	dútè	(形)	unique
29. 意义	yìyì	(名)	meaning

语法 Grammar

一、能愿动词

The optative verbs

能愿动词是动词中的一种。这类词常用于动词、形容词等前边表示"能力"、"愿望"、"可能"、"应该"或"要求"等意思。

Optative verbs are one group of verbs and are often used in front of verbs and adjectives etc. expressing ability, wish, possibility, demand and so on.

1. 能愿动词"想"表示希望或打算的意思。例如：

As an optative verb, "想" shows one's intention, plan or will. For example:

(1) 我想学习汉语，不想学习历史。

(2) A：你想去邮局吗？

　　B：我不想去邮局，我想去银行。

2. 能愿动词"要"可以表示意志上的要求。表示这种意思时，其否定形式一般为"不想"。"要"还可以表示"需要"、"应该"，表示此类意思时，其否定形式为"不用"、"不必"，如果用"不要"则表示"禁止"的意思。例如：

第9课　说说名字

As an optative verb, "要" can show one's will and demand. In this sense, "不想" is used for the negative of "要". In addition, "要" express the meaning of the word, "should" or "ought to" and its negative form is usually "不用"、"不必". If "不要" is used for the negative, it means "not allow". For example:

(1) A：你们要回宿舍吗？
　　B：我们不想回宿舍，我们想去图书馆借书。
(2) A：明天我们要参加这个会吗？
　　B：这个会是老师的会，你们不用参加。
(3) 你们要按时上课，不要迟到。

3. 能愿动词"能"可以表示具有某种能力，还可表示环境或情理上的许可。例如：

As an optative verb, "能" can show possession of certain capability and can also show permission or consent by circumstances or reasonableness. For example:

(1) 我能用汉语跟老师谈话。
(2) A：我们能把这些书拿回宿舍吗？
　　B：不能。这些书只能在这儿看。

4. 能愿动词"可以"也可以表示环境或情理上的许可，它和"能"可以交换使用。例如：

The optative verb "可以" can also show permission or consent by circumstances or reasonableness. So "可以" and "能" are exchangeable with each other. For example:

(1) A：我能用一下您的钢笔吗？
　　B：当然可以。给您。
(2) A：这个邮局可以打电话吗？
　　B：这儿不能打电话，只能寄信。

5. 能愿动词"会"表示具备一种技能，有时还可以表示事实上有某种可能性。例如：

The optative verb "会" shows one possesses a certain skill. Sometimes it indicates a possibility. For example:

(1) 我会说英语，他会说日语。
(2) A：我会唱这支歌儿，你会唱吗？
　　B：我不会唱。
(3) 春节他一定会回家的。

6. 能愿动词"应该"表示"理所当然"。在口语中还可用"该"代替。"应该"的否定形式一般为"不用"。"该"还可表示根据情理或者经验，推测必然或者可能产生某种结果，这时，其否定式一般用"不会"。例如：

The optative verb "应该" means "ought to"、"should". In colloquial speech "该" can take the place of "应该". The negative form of "应该" usually is "不用". Besides the meaning "应该","该"can also indicate an inference from common sense or experience that something is bound to or may bring about a certain result and its negative form is usually "不会". For example:

（1）你们应该八点钟以前到教室。
（2）A：这些书今天应该还吗？
　　　B：今天不用还，下星期再还。
（3）已经十二点了，该吃午饭了。
（4）A：再不快点儿走，火车该开了。
　　　B：放心吧，时间还早，我们不会误点（wùdiǎn, late; behind time）。

二、兼语句

The pivotal sentence

兼语句的谓语是由一个动宾短语和一个主谓短语套在一起构成的,谓语中前一个动宾短语的宾语兼做后一个主谓短语的主语。兼语句中的两个动词不共用一个主语。

由"使"、"让"、"请"等动词组成的兼语句是具有"使令"意义的兼语句。例如：

The pivotal sentence is formed by a V-O Structure and a S-P Structure. The object of the V-O Structure is also the subject of the S-P Structure, so the two verbs don't share the same subject in the sentence.

The kind of pivotal sentence made by "使"、"让"、"请" etc. indicates the meaning of "cause", "make" or "ask for". For example:

（1）面试的气氛使我很紧张。
（2）那个电影让我很感动。
（3）你去请大夫来给孩子看看病吧！

第 9 课　说说名字

三、副词"尽管"

The adverb "尽管"

"尽管"作为副词，表示不必考虑别的，可以放心去做。例如：

As an adverb, "尽管" shows the meaning "not hesitate to...", "to feel free to do...". For example:

(1) 你们有什么要求，尽管提出来。
(2) 他一定能解决这个问题，你尽管放心。

练习 Exercises

一、根据课文回答问题：

Answer the questions according to the text:

(1) 课间休息的时候，学生们和王老师谈的是关于哪方面的问题？
(2) 中国人起名字一般注意哪几个方面？
(3) 有的中国人按照什么起名字？请举出一个例子来。
(4) 在中国，一个人一般有几个名字？
(5) 父母都用什么办法给孩子起名字？

二、把括号中的词语填入合适的位置：

Put the words given in the brackets in a proper place:

(1) 我现在还 A 不 B 说 C 汉语，但是我很 D 想学。（会）
(2) A 你 B 不 C 问别人的年龄，特别 D 是女人的年龄。（该）
(3) 他 A 汉语 B 学得 C 很好，他 D 教我们。（能）
(4) 那个 A 管理员 B 让我 C 把车 D 停在那儿。（不）
(5) A 他跟我 B 开的 C 那个玩笑 D 我很生气。（使）
(6) 放假以后，我 A 先 B 回家，然后 C 再 D 去旅游。（想）
(7) 每个工作人员 A 都应该 B 按照 C 工作时间 D 上班和下班。（严格）
(8) 在森林里不要 A 吸烟！一个烟头 B 就会 C 一场 D 大火。（引起）

105

(9) A 大城市有许多问题不好解决，B 住房问题、C 交通问题 D 等等。
(比如)

(10) A 结婚的时候他们想 B 老李 C 当婚礼 D 主持人。（请）

三、用括号中所给的词语完成句子：

Complete the sentences with the words given in the brackets:

(1) 我没有词典，_____。（想）

(2) _____？我教你。（会）

(3) 宿舍楼后边有一个运动场，_____。（可以）

(4) 我好久没给家里打电话，_____。（该）

(5) _____？我一点儿钱也没有了。（能）

(6) 这里是医院，_____！（要）

四、用适当的能愿动词填空：

Fill in the blanks with an appropriate optative verb:

(1) 你的收音机坏了，_____ 修理一下。

(2) 对不起，我不 _____ 说汉语，请你用法语讲。

(3) 我 _____ 去书店买几本书，你 _____ 去吗？

(4) A：我 _____ 给您提个意见吗？

B：当然 _____，请说吧。

(5) A：这儿 _____ 吸烟吗？

B：对不起，请 _____ 在这里吸烟。

(6) A：这些衣服要洗吗？

B：这些衣服不脏，_____ 洗。

(7) 我 _____ 去上课了，_____ 陪你聊天儿了。

(8) 我没去看他，他 _____ 生气了吧？

五、用括号中的词语完成兼语句：

Complete the pivotal sentences with the words in the brackets:

(1) 妈妈_____，你别忘了！（让）

第 9 课　说说名字

（2）这次大地震，_____。（使）

（3）我感冒了，看病的时候，大夫 _____。（让）

（4）我的发音不好，_____。（请）

（5）两国领导人的这次会见，_____。（使）

（6）看到这么美丽的风景，_____。（使）

六、用"……，特别是……"完成句子：

　　Complete the sentences with the form of "……，特别是……"：

（1）我喜欢吃中国菜，_____。

（2）南方话，_____，我完全听不懂。

（3）我爱喝茶，_____。

（4）我很想去外国旅行，_____。

（5）节日的时候，_____，商店里的人非常多。

七、用副词"尽管"完成句子：

　　Complete the sentences with the adverb "尽管"：

（1）我会照顾好自己的，_____。

（2）学习上有什么问题，_____。

（3）你有什么不明白的事，_____。

（4）今天是星期六，不上课，_____。

（5）这儿有很多好吃的东西，_____！

八、用动词"提"完成句子：

　　Complete the sentences with the verb "提"：

（1）这个箱子很重，_____。

（2）不论你有什么意见，_____。

（3）那件事已经过去了，_____！

（4）那个人是爷爷的老朋友，爷爷 _____。

（5）我不想听到他的名字，_____！

107

九、选择合适的形容词填空：

Fill in the blanks, choosing a proper adjective word:

> 简单　复杂　幸福　响亮　悠久　严格　独特　一样

(1) 中国是一个历史 _____ 的国家。
(2) 他对孩子要求得很 _____。
(3) 我的意见跟你的 _____。
(4) 结婚以后，他们生活得非常 _____。
(5) 我很喜欢听那位女歌星的歌儿，她的歌声既 _____ 又好听。
(6) 她在商店里找了半天，终于买到了一件样子 _____ 的衣服。
(7) 昨天学的那几个句子都很 _____，我一看就明白了。
(8) 现在我们学的生词越来越多，语法也越来越 _____ 了。

十、选择合适的动词填空：

Fill in the blanks, choosing a proper verb:

> 聊天儿　发现　出现　了解　解释　包含　注意　表示　查　翻

(1) 几个农民在地下 _____ 了很多古代文物。
(2) 我不太 _____ 他这个人，我们交往不多。
(3) 学习发音的时候，应该 _____ 看老师的口型。
(4) 我经常跟中国朋友在一起 _____，因此我的听说能力提高得很快。
(5) 如果你不知道一个字的意思或者发音，你可以 _____ 词典。
(6) 请 _____ 开书，今天咱们讲课文。
(7) 他可能误会了你的意思，你向他 _____ 一下就行了。
(8) 最近我们班经常 _____ 迟到的现象，请同学们以后注意。
(9) 对您的帮助，我向您 _____ 感谢。
(10) 他的话虽然不多，但 _____ 着很深的道理。

第9课　说说名字

阅读与思考
Reading and thinking

不要读错人家的姓

称呼人却把人家的姓念错了，这多么尴尬！有许多作为姓氏的汉字都有特定的发音，这是我们应该注意的语音现象。

"任"是一个比较常见的姓，可是很多人不一定知道，它作为姓氏要读Rén。我们应该记住"任务"、"任何"这些词里的"任"跟作为姓氏的"任"，字形相同，但声调却不一样。

纪念的"纪"，用作姓氏该读成Jǐ。上海市某区有一个纪王镇，它是为了纪念汉代的一名将军纪信而建。由此可知，这个地区的名字和人的姓有关系，要读成Jǐ才对，不能读成Jì。

跟上面两个字同样情况的还有"中华"、"年华"的"华"字。作为姓氏，它不再读huá，而应该念Huà。

姓"仇"的人不算少，作为姓，要读Qiú。如果你按照一般的发音读成Chóu，姓仇的人听了会不高兴，因为他和你并没有什么仇呀！

"查"字也是个多音字。平时我们学到的是"查字典"、"检查"、"考查"等，连小学生也知道，这个字念chá。也许因为这样的词太多了，所以碰到姓查的人，人们会毫不犹豫地读成chá。其实，作为姓，它应该读成Zhā。

另外，"单独"、"单一"中的"单"字，当做姓用时，应该念Shàn，而不是dān。同样，"解决"、"解释"的"解"和"地区"、"区别"中的"区"字，作为姓氏，它们分别要读成Xiè和Ōu。

思考题：
Answer the questions
(1) 为什么不要读错人家的姓？
(2) 哪些常见的汉字作为姓氏时有另外的读音？

词语 New words

1. 尴尬　　　　gāngà　　　　　　（形）　　awkward
2. 特定　　　　tèdìng　　　　　　（形）　　specifically
3. 将军　　　　jiāngjūn　　　　　（名）　　general
4. 年华　　　　niánhuá　　　　　（名）　　years; time
5. 仇　　　　　chóu　　　　　　　（名）　　hatred
6. 考查　　　　kǎochá　　　　　　（动）　　to examine; to check
7. 毫不犹豫　　háo bù yóuyù　　　　　　　not hesitate at all
8. 分别　　　　fēnbié　　　　　　（副）　　respectively; separately

专名 Proper names

1. 纪王镇　　　Jǐwǎng Zhèn　　　　　　　name of a place
2. 纪信　　　　Jǐ Xìn　　　　　　　　　　name of a person

单元练习三

单元练习三(第7—9课)

Exercises of Unit Three (Lesson Seven~Lesson Nine)

一、把括号中的词语填入合适的位置(15%)

Put the words in brackets in a proper place:

(1) 老师,您没给 A 我们 B 讲 C 这个词语 D,我们不知道它的意思。(过)

(2) A 我 B 上 C 火车,车就 D 开了。(刚)

(3) 那个孩子 A 说的话 B 他 C 妈妈 D 很生气。(使)

(4) 妈妈 A 让儿子 B 晚上 C 到外边 D 去玩儿。(不)

(5) A 在中国,B 民族大小,C 都是 D 平等的。(无论)

(6) 不管 A 做什么事,B 他 C 很 D 认真。(都)

(7) 妈妈,今天 A 我有空儿,B 我来帮 C 你做家务 D 吧。(让)

(8) 昨天我太累了,A 你 B 刚走,C 我 D 睡了。(就)

(9) 大夫让他 A 每个月 B 到医院 C 检查 D 身体。(一次)

(10) A 你们 B 对教学 C 有什么要求,D 告诉老师。(尽管)

(11) A 我 B 见过 C 他 D,但现在想不起来他长什么样子了。(两次)

(12) 星期六我到 A 书店 B 买 C 几本书 D。(了)

(13) A 每位公民 B 应该 C 严格 D 遵守国家法律。(都)

(14) A 你 B 怎么 C 这样 D 跟你的父母讲话?(可以)

(15) 你 A 别着急,B 坐下来,C 说 D。(慢慢)

二、按照要求选择填空(20%)

Fill in the blanks in accordance with the demands:

(一)选择"过"、"着"或"了"

(1) 这首歌儿我听别人唱_____,可我自己不会唱。

(2) 今天早饭我吃_____两个面包,喝_____一杯牛奶。

(3) 昨天我们正上_____课,他突然进来了。

(4) 那位老人走_____走_____路,突然觉得心脏不舒服。

(5) 这些事都是爷爷亲身经历_____的。

(6) 我学_____包饺子,可是我没有学会。

(二)选择"地"、"得"或"的"

(1) 听,那位歌手正在台上唱歌儿,她唱_____多好听啊!

(2) 做完了作业以后,我又很仔细_____检查了一遍。

(3) 我们刚来的时候,老同学们总是非常热心_____帮助我们。

(4) 今天是开学的第一天，校园里热闹_____很。
(5) 妈妈给我买_____这件毛衣真合适。
(6) 我请他到我家来做客，他高兴_____答应了。

（三）选择合适的能愿动词

(1) 老师，这个句子的意思您_____再讲一遍吗？
(2) 考试的时候，请大家不_____看书。
(3) 快把大衣穿上吧，否则，又_____感冒了。
(4) A：你给了我很大的帮助，非常感谢你！
　　B：你别客气，这是我_____做的。
(5) 我朋友不但_____说法语，而且说得很好。
(6) 你的房间很干净，今天不_____打扫了。

三、按照要求改变句型（15%）
Write the sentences in accordance with the demands:

（一）用"不管……，都（也）……"改写句子

(1) 出国的时候每个人都要办护照。
(2) 他不喝白酒，也不喝啤酒。
(3) 这本书对我学习汉语太有用了，价钱再贵我也要买。
(4) 天气好的时候他去爬山，天气不好他也去爬山。

（二）用形容词重叠形式改写句子

(1) 他女朋友的个子很高。
(2) 放学了，小学生们很高兴地排好队，准备回家。
(3) 他很重地拍了一下桌子。
(4) 婚礼上，新郎和新娘都穿得非常漂亮。
(5) 他抱着一本很厚的词典走进了教室。
(6) 那座高大的楼房就是我们的图书馆。

（三）用所给词语造兼语句

(1) 让　　　教他英语
(2) 请　　　看京剧
(3) 使　　　担心
(4) 叫　　　八点到学校
(5) 使　　　入迷

四、按照所要求的格式和括号中所给词语完成对话（15%）
Complete the dialogues, using the words in brackets according to the demands:

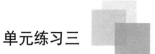

单元练习三

(一)"刚……就……"

(1) A：那些信你是什么时间寄走的？
    B：_____。（开门）

(2) A：听说他生病了，是什么时候得的病？
    B：_____。（开学）

(3) A：他已经回国了吧？是昨天走的吗？
    B：不是。_____。（放假）

(二)"就……"

(1) A：你早上几点起床？
    B：我起得很早，_____。（五点半）

(2) A：你做完作业了吗？
    B：做完了。作业不多，_____。（二十分钟）

(三)"像……一样"

(1) A：你们学校的环境怎么样？
    B：很漂亮，_____。（花园）

(2) A：那位老人没有亲人吗？我看只有一条狗陪着他。
    B：是啊。他很爱他的狗，_____。（孩子）

(四)"再说"

(1) A：你是中级班的学生，怎么选了初级听力课？
    B：我的听力水平很低，_____。（很难）

(2) A：你为什么没有参加这次旅游？
    B：那几个地方我都去过，_____。（不舒服）

(3) A：你逛了半天商店，怎么什么东西也没买？
    B：这里的东西我都不太满意，_____。（太贵）

(五)副词"尽管"

(1) A：这些参考书你现在用吗？我想借几本看看，可以吗？
    B：我不用，_____。（拿）

(2) A：我能请您帮我一个忙吗？
    B：没问题。有什么要我帮忙的，_____。（说）

(六)"……，特别是……"

(1) A：黄山的风景很美吧？
    B：是很美，_____。（秋天）

113

（2）A：你还没有完全习惯这里的生活吧？
　　　B：还不太习惯。_____。（刚来的时候）

（3）A：这里的水果便宜不便宜？
　　　B：很便宜。_____。（西瓜）

五、给下列动词加上合适的宾语（15%）
　　Write out proper objects of the verbs:

参观 _____　　表演 _____　　表示 _____　　扩建 _____
准备 _____　　安排 _____　　忽视 _____　　举行 _____
庆祝 _____　　纪念 _____　　弹 _____　　　刻 _____
查 _____　　　停 _____　　　弄 _____

六、改正下列句子中的错误（10%）
　　Correct mistakes in the following sentences:

（1）他的发音十分清清楚楚的。
（2）这是什么水果？怎么我以前没有吃了？
（3）他的儿子长得胖胖。
（4）对这个问题，你一定要非常认认真真地解决。
（5）你再不给家里打电话，妈妈又应该着急了。
（6）老人很慢慢走远了。
（7）你太马虎了！我还没有见了像你这样马虎的人。
（8）爸爸今天买一个蛋糕和三瓶啤酒了。
（9）过春节我没有吃年糕了，我吃饺子了。
（10）天黑了，公园里安静安静的。

七、在空格处填上合适的量词，构成数量补语（10%）
　　Fill in the blanks with a measure word, forming the complement of quantity:

（1）下课以后，你们要读三_____课文。
（2）那个地方我已经去过几_____了，不想再去了。
（3）今天我迟到了，老师看了我一_____，什么也没说。
（4）他轻轻地敲了几_____门。
（5）我能用一_____你的手机吗？
（6）这酒有点儿甜，你喝一_____尝尝。
（7）老师叫你到办公室去一_____。
（8）这些生词真难记，我写了十几_____，也没记住。
（9）来北京以后，我去过两_____天安门。
（10）这件事我已经说了好几_____了，你怎么又忘了？

第10课

JINHUN JINIAN

金婚纪念

金婚纪念

一吃完早饭,张大爷就对老伴儿说:"天气这么好,咱们去郊游吧,去爬山,怎么样?"女儿劝他说:"您老两口年纪大了,爬山太累,就在附近的公园转转算了。"可他听不进去,嘱咐女儿在家准备午饭,然后就带着老伴儿出门了。女儿把他俩送到胡同口儿,望着父母消失的背影,心里有些担心。

对于年近八十的老人来说,爬山并不是一件容易的事儿。这不,进了山门刚一拐弯儿,张大爷就碰到一块石头上,尖利的石头把他的腿划破了。一位好心的行人把他扶到附近的医务室,用绷带做了简单的包扎。老伴儿哭丧着脸发牢骚说:"刚才就该听女儿的话,还是早早回家吧!"

尽管受了点儿伤,但是张大爷休息了一会儿之后,还是要爬山。老伴儿没办法,只好扶着他慢慢儿走。两人走走停停,终于来到半山腰的一座寺庙前。当看见寺庙的时候,老伴儿突然明白了:这里是当年张大爷向她求婚的地方,而今天是他们的金婚纪念日!她怜爱地看着这位满头白发、腿上带着伤的老伴儿,既伤心又感动,想安慰两句,又不知说什么才好,眼圈儿都红了。

张大爷仍然以为老伴儿不知道他的来意,又把她带到寺庙的另一侧。从这里往远看,可以看到整个城市的风光;往近看,可以看到一处吸引人的风景:一条环绕山崖的铁链上挂着许许多多的锁,这是那些相爱的人为了表达爱情而锁上去的"同心锁"。张大爷寻找了半天,终于找到了他们的那一把。他摸着那把锁问老伴儿:"还记得它吗?""怎么不记得!那是咱们结婚的那一天锁上去的,上面还有咱们的名字呢。时间过得多快啊,都五十年了……"

第 10 课 金婚纪念

词 语 New words

1. 郊游	jiāoyóu	（名、动）	to go for an excursion
2. 劝	quàn	（动）	to advise; to try to persuade
3. 附近	fùjìn	（名）	nearby
4. 嘱咐	zhǔfù	（动）	to exhort; to enjoin
5. 胡同	hútòng	（名）	lane; bystreet
6. 口儿	kǒur	（名）	entrance
7. 望	wàng	（动）	to look over
8. 消失	xiāoshī	（动）	to disappear
9. 背影	bèiyǐng	（名）	a view of sb's back
10. 并	bìng	（副）	used before a negative for emphasis, usu. as a retort
11. 拐弯（儿）	guǎiwān(r)		to turn a corner
12. 碰	pèng	（动）	to knock (against)
13. 尖利	jiānlì	（形）	sharp
14. 划	huá	（动）	to scratch
15. 绷带	bēngdài	（名）	bandage
16. 包扎	bāozā	（动）	to wrap up; to bind up
17. 哭丧着脸	kūsāngzhe liǎn		with displeasure written on one's face
18. 发	fā	（动）	to utter; to express
19. 牢骚	láosāo	（名）	discontent; complaint
20. 尽管……但是……	jǐnguǎn…dànshì…		even though...but...
21. 寺庙	sìmiào	（名）	temple
22. 求婚	qiúhūn	（动）	to make an offer of marriage
23. 怜爱	lián'ài	（动）	to have tender affection for
24. 伤心	shāngxīn	（形）	grieved; broken-hearted
25. 感动	gǎndòng	（动）	to move; to touch
26. 安慰	ānwèi	（动）	to comfort
27. 眼圈儿	yǎnquānr	（名）	eye socket; rim of the eye
28. 仍然	réngrán	（副）	still; yet

29. 以为	yǐwéi	（动）	to think; to consider
30. 侧	cè	（名）	side
31. 吸引	xīyǐn	（动）	to attract; to fascinate
32. 环绕	huánrǎo	（动）	to surround
33. 山崖	shānyá	（名）	cliff
34. 铁链	tiěliàn	（名）	iron chain
35. 寻找	xúnzhǎo	（动）	to look for

语法 Grammar

一、"把"字句（1）

"把" sentence(1)

当要强调说明动作对某事物或人的处置和影响以及处置和影响所造成的结果时，就可以用"把"字句，用"把"字把动作指向的宾语放在动词前面。格式为：

主语 + 把 + 宾语 + 动词 + 其他成分

When we want to emphasize how something is disposed or influenced and the result of the disposal and influence, we use a "把" sentence in which the object of the action must be used to transpose to the front of the verb. The form is:

Subject + 把 + object + verb + other elements

"把"字句的作用除了要说明动作对某事物或人进行处置和影响，以及处置和影响的结果以外，还要说明处置和影响的方式。因此，"把"字句的谓语一般不能只是一个简单的动词，后面还必须有与位置和影响有关系的其他成分（补语、动词重叠、"了"、"着"等）。例如：

The function of a "把" sentence is not only to refer to the disposal and influence itself, but also the result it yields and how the disposal and influence is made. Therefore, the predicate of a "把" sentences is generally not a simple verb, there must be after the verb other elements(a complement, a duplication of verb,了,着,etc.). For example:

(1) 请你把书拿出来。
(2) 她把衣服洗得很干净。
(3) 你把学校的情况介绍介绍吧。
(4) 我把钥匙弄丢了。

没有处置意义的动词，如："有"、"是"、"像"、"喜欢"、"觉得"、"知道"、"进"、"来"等，不能构成"把"字句。"把"字句中的宾语一般是特指的或已

第10课 金婚纪念

知的，而不是任何一个。如：可以说"你把那本书拿过来"，不能说"你把一本书拿过来"。

Non-disposal verbs, for instance:"有"、"是"、"像"、"喜欢"、"觉得"、"知道"、"进"、"来" etc. are not used in "把" sentences. In "把" sentences, the objects governed by "把" are things that are specific and known to the speaker. You can say:"Please bring me that book",but you can't say:"Please bring me one book".

在"把"字句中，否定副词、能愿动词和表示时间的名词一般放在"把"字的前面。例如：

In "把" sentences, negative adverbs, modal verbs and expressions of time must precede "把". For example:

（1）她没把作业做完。
（2）你能把窗子打开吗？
（3）我昨天把信寄走了。

二、副词"并"

The adverb "并"

作为副词，"并"常用在否定词"不"、"没有"的前面（"并不"、"并没有"），用来加强否定的语气，表示跟一般的估计不一样。例如：

As an adverb,"并" is often placed before negative words such as "不"、"没有", to stress the negative sense. It indicates the fact is not as one might think. For example:

（1）今年青岛的夏天并不凉快。
（2）我并没有同意你们这样做。
（3）他和我并没有见过面。

三、"尽管……但是／可是……"格式

The construction "尽管……但是／可是……"

"尽管……但是/可是……"格式表示转折关系。"尽管"后边是一种事实，"但是／可是"后边说出的是一个与事理相违背的结果。例如：

The construction "尽管……但是／可是……" indicates relation of turn. After "尽管" is a fact, but after "但是" or "可是" is an opposite conclusion or partial opposite conclusion. For example:

（1）尽管天在下雨，可是比赛仍然在进行。
（2）这本书尽管已经看过，但是我现在完全忘了。
（3）尽管他的学历不高，但是他的水平并不低。

练习 Exercises

一、根据课文回答问题：

Answer the following questions according to the text:

(1) 张大爷提议去爬山，女儿是什么意见？

(2) 老两口爬山的时候发生了什么事儿？

(3) 来到那座寺庙前，老伴儿终于明白了什么？

(4) 山上那些锁是什么人挂上去的？

(5) 简单复述一下：张大爷和老伴儿是怎么庆祝他们的金婚纪念日的？

二、把括号中的词语填入合适的位置：

Put the words in brackets in a proper place:

(1) A 他 B 把那件事情 C 告诉自己的父母 D 。（没有）

(2) 你出国 A 以前，B 把钱 C 换成 D 美元。（应该）

(3) 你怎么 A 还 B 把 C 作业本 D 交给老师？（不）

(4) A 你 B 把这台电视机 C 修理 D 好吗？（能）

(5) 他长得 A 又高又胖，B 可是 C 吃得 D 不多。（并）

(6) 我 A 不 B 小心 C 衣服 D 划破了。（把）

(7) 这张桌子 A 太破了，你们 B 怎么 C 没有 D 把它搬出去？（还）

(8) 这些 A 留学生 B 都是 C 为了学汉语 D 来到中国的（而）

(9) 你帮了我 A 这么多忙，B 真不知怎么 C 感谢你 D 好。（才）

(10) A 爸爸没有 B 说什么，但我 C 知道他心里 D 很爱我。（尽管）

三、把下列句子改写成"把"字句：

Change the following sentences into "把" sentences:

(1) 小赵借走了我的自行车。

(2) 他已经买好了火车票。

(3) 孩子打破了那只杯子。

(4) 请告诉我你的房间号码。

(5) 麻烦你洗一洗这些水果，好吗？

(6) 她没有吃完饭就去上班了。

第 10 课　金婚纪念

四、改正下列句子中的错误：

Correct mistakes in the following sentences:

（1）我已经把她的名字知道了。
（2）他把一个句子刚才翻译错了。
（3）爸爸把房间进去了。
（4）他常常把他的女朋友想。
（5）你为什么把照相机不带来？
（6）你把这张照片能送给我吗？

五、用括号中所给的词语造"把"字句：

Make "把" sentences, using the words given in the brackets:

（1）_____！房间里太热了。（窗子　开）
（2）他饿极了，_____。（饭菜　吃）
（3）要是你喜欢这张画儿，_____。（画儿　送）
（4）_____，不能看E-mail了。（电脑　弄）
（5）他讲的故事很有意思，_____。（孩子们　吸引）

六、用"在……的时候"或"当……的时候"完成句子：

Complete the sentences with "在……的时候" or "当……的时候"：

（1）_____，花园里开满了鲜花。（春天）
（2）_____，他送给我一个礼物做纪念。（毕业）
（3）_____，这里就下了第一场雪。（十月份）
（4）_____，他一句话也没说。（讨论）
（5）_____，火车票特别难买。（春节）

七、用"并"完成句子：

Complete the sentences with "并"：

（1）他吃了很多药，可是_____。
（2）学好一门外语_____。
（3）她说听懂了，其实_____。
（4）我以为他来过中国，其实_____。
（5）_____，你怎么穿这么多衣服？

八、用"尽管……"或"但是（可是）……"完成句子：
Complete the sentences, using "尽管……" or "但是（可是）……":

(1) 尽管爷爷已经八十多岁了，_____。

(2) _____，可是我们还是打算去爬山。

(3) 这篇课文尽管很长，_____。

(4) _____，却已经上了大学。

(5) 尽管汉字既难写又难记，_____。

九、选词填空：
Fill in the blanks, choosing a proper word:

> 受　劝　拐　抬　划　发　停　望

(1) 他正在看书，听见我进来了，他_____起头来。

(2) 快来帮帮我，刀子把我的手_____破了。

(3) 汽车越来越远了，他还久久地_____着。

(4) 她还在哭，你去_____她一下吧。

(5) 这次旅行尽管_____了不少苦，但是学到了很多东西。

(6) 那里的生活条件不太好，学生们经常在一起_____牢骚。

(7) 司机把车_____在了校门口儿。

(8) 你找邮局吗？从前面路口向右_____就到了。

十、用括号中所给的词语完成句子：
Complete the sentences, using the words given in the brackets:

(1) _____，其实她已经结婚了。（以为）

(2) 那个节目太有意思了，_____。（吸引）

(3) 这个语法问题太难了，老师讲了半天，_____。（仍然）

(4) 尽管我已经学了一年多的汉语了，但是_____。（表达）

(5) 在中国朋友的帮助下，_____。（终于）

(6) 他没考上大学很伤心，_____。（安慰）

(7) 飞机起飞以后，_____。（消失）

(8) "你开车的时候一定要注意安全！"妈妈_____。（嘱咐）

(9) 食堂已经关门了，_____。（只好）

(10) _____她感到很幸福。（求婚）

第10课 金婚纪念

阅读与思考
Reading and thinking

妈妈喜欢吃鱼头

在我刚记事的时候，家里很穷，一个月很难吃上一次鱼肉。每次吃鱼，妈妈先把鱼头夹在自己的碗里，把鱼肚子上的肉夹下来，很仔细地挑去几根大刺，放在我的碗里，其余的就是爸爸的了。当我也吵着要吃鱼头的时候，她总是说："妈妈喜欢吃鱼头。"我以为鱼头一定很好吃，有一次，我在父母不注意的时候，悄悄尝了一个，可是觉得并不好吃。

那年外婆从江北到我家，妈妈买了家乡很贵的鳜鱼。吃饭时，妈妈把本来总是给我的那块鱼肚子的肉夹进了外婆的碗里。外婆说："你忘了，妈妈最喜欢吃鱼头。"外婆眯着眼，慢慢地挑去那几根大刺，把肉又放进我的碗里，说："孩子啊，你吃。"接着，外婆就夹起鱼头吃起来。我半信半疑：怎么妈妈的妈妈也喜欢吃鱼头？

二十九岁的时候，我结了婚。生活好了，我和妻子经常买一些鱼肉做菜。每次吃鱼，最后剩下的总是几个鱼头。第二年，生了个千金。很快女儿也能自己吃饭了。有一次午餐，妻子夹了一块鱼肚子上的肉，小心地挑去大刺，放在女儿的碗里，自己却夹起了鱼头。女儿见了，也吵着要吃鱼头。妻子说："乖孩子，妈妈喜欢吃鱼头。"

可是女儿说什么也不答应，吵着一定要吃鱼头。妻子没办法，只好让她尝尝。女儿吃了以后马上吐出来了，连说不好吃，从此再也不要吃鱼头了。从那以后，女儿总是把鱼头放进妈妈的碗里，好像很懂事似的说："妈妈，您吃鱼头。"

我明白了一个道理：女人当了母亲，就喜欢吃鱼头了。

（作者：陈运松，原载于《散文》1991.5）

思考题：
Answer the questions
(1) 文章中写了几代母亲"爱吃鱼头"？
(2) 她们是不是真的喜欢吃鱼头？
(3) 你觉得父爱和母爱有什么不一样？

词语 New words

1. 穷	qióng	（形）	poor	
2. 夹	jiā	（动）	to pick up (with chopsticks, etc.)	
3. 碗	wǎn	（名）	bowl	
4. 挑	tiāo	（动）	to choose; to select	
5. 刺	cì	（名）	thorn	
6. 外婆	wàipó	（名）	(maternal) grandmother	
7. 鳜鱼	guìyú	（名）	mandarin fish	
8. 眯	mī	（动）	to narrow (one's eyes)	
9. 剩	shèng	（动）	to be left	
10. 千金	qiānjīn	（名）	daughter	
11. 吐	tǔ	（动）	to spit	
12. 懂事	dǒngshì	（形）	sensible; intelligent	

第 11 课

ZHONGGUO DE HUIHUA HE SHUFA

中国的绘画和书法

中国的绘画和书法

星期六卡里和另外几个同学应邀到王老师家里做客。他们是九点半到王老师家的,安娜给王老师带去了一束鲜花,卡里和另外两个同学带去了几斤水果。王老师很热情地迎接了他们,并问:"其他的同学怎么没来?"

"他们有的到商店去了,有的到朋友那儿去了,还有的打算下午到您家来。"卡里说。

王老师给他们端来了茶和糖果,师生们一边喝茶,一边聊天。这时,安娜看到墙上挂着几幅字画儿,就指着其中的一张,问道:

"王老师,那幅画是中国国画吧?好漂亮啊!"

"对,那是一幅山水画儿。"

"听说中国国画有很多种,王老师,您能给我们介绍一下吗?"一个学生请求道。

"如果按照画的内容,国画可以分成山水画、人物画、花鸟画等。如果按照画画儿的技巧,国画又可以分成工笔画儿和写意画儿两种。"

"山水、人物、花鸟我们都明白,什么是工笔画儿和写意画儿?"

"工笔画儿画得十分工整,各个部分都画得非常细。写意画儿注重神态,尽管用笔简单,但是很生动,有丰富的想像力。"

"我对中国的绘画和书法很感兴趣,我也很想学。王老师,这上边的字我怎么一个也不认识?"卡里指着墙上的一幅字问。

"那种字叫篆字。篆字有点儿像古代的象形文字,既不好写,也不好认。人们刻印章时常用这种

第11课 中国的绘画和书法

篆体,因此人们一般称刻印章为'篆刻'。"

"它旁边的那一幅是什么字体呢?我看好像简单一点儿,也比较好认。"安娜又问道。

"那是隶书。隶书是从篆书简化来的,是人们为了书写方便而发明的一种字体。"

"老师,除了这两种字体,中国书法还有什么字体呢?"

"还有一种叫楷书,也叫正书。这种字形体方正,笔画平直,也就是你们平时看到的这种字体。楷书既整齐又好认。汉代的时候,为了书写方便,人们又发明了草书。草书中还有差别,有的草书中的字是一笔写成的,字体变化很大,叫狂草。"

"我懂了,中国书法的字体有楷书、隶书、草书和篆书。"卡里说道。

"对,这是主要的几种字体。到了汉末又出现了一种字体,叫行书。它既不像草书那么潦草难认,又不像楷书那么工整费时,因此,这种字体很流行。"

"原来还有这么多学问,我真得好好学习汉语,好多了解一点儿中国的文化。"安娜说。

学生们是在王老师家吃的午饭。下午两点钟左右,他们回学校去了。

词语 New words

1.	绘画	huìhuà	(名)	painting
2.	书法	shūfǎ	(名)	calligraphy
3.	应邀	yìngyāo	(动)	at sb's invitation
4.	做客	zuò kè		to be a guest
5.	挂	guà	(动)	to hang up
6.	幅	fú	(量)	*a measure word*
7.	国画	guóhuà	(名)	traditional Chinese painting

127

8. 技巧	jìqiǎo	（名）	skill
9. 工整	gōngzhěng	（形）	neatly
10. 各	gè	（代）	every
11. 注重	zhùzhòng	（动）	lay stress on; to pay attention to
12. 神态	shéntài	（名）	expression
13. 生动	shēngdòng	（形）	lively; vivid
14. 丰富	fēngfù	（形、动）	rich; to enrich
15. 想像力	xiǎngxiànglì	（名）	imagination
16. 认	rèn	（动）	to identify
17. 印章	yìnzhāng	（名）	seal; signet
18. 称	chēng	（动）	to call
19. 简化	jiǎnhuà	（动）	to simplify
20. 发明	fāmíng	（动）	to invent
21. 形体	xíngtǐ	（名）	shape
22. 方正	fāngzhèng	（形）	upright and foursquare
23. 笔画	bǐhuà	（名）	strokes of Chinese characters
24. 差别	chābié	（名）	difference
25. 狂	kuáng	（形）	unruly and unrestrained
26. 潦草	liáocǎo	（形）	hasty and careless
27. 费	fèi	（动）	to cost
28. 流行	liúxíng	（形）	popular
29. 学问	xuéwèn	（名）	learning

专 名 Proper names

1. 工笔画	gōngbǐhuà	traditional Chinese painting characterized by fine brushwork and close attention to detail
2. 写意画	xiěyìhuà	freehand brushwork in traditional Chinese painting by vivid expression and bold outline
3. 象形文字	xiàngxíng wénzì	pictograph

第11课　中国的绘画和书法

4. 隶书	lìshū	*an ancient style of calligraphy*
5. 篆书	zhuànshū	*a style of calligraphy*
6. 楷书	kǎishū	*regular script*
7. 草书	cǎoshū	*a style of calligraphy*
8. 行书	xíngshū	*a style of calligraphy*

语法 Grammar

一、简单趋向补语

The simple directional complement

1. 动词"来"或"去"放在其他动词之后作补语，表示趋向，叫简单趋向补语。用"来"表示动作是向着说话人进行的，用"去"则表示相反的方向。例如：

When the verb "来" or "去" is used after another verb as a complement to show the direction of an action, it is called the simple directional complement. "来" is used to show that the action goes in the direction towards the speaker and "去" is used if the contrary is the case. For example:

（1）老师不在教室，他出去了。
（2）上课了，你们都进来吧。
（3）你朋友在楼上，你上去吧。
（4）听到有人叫他，卡里从楼上下来了。

2. 如果动词带有表示处所的词或词组作宾语，"来"或"去"要放在宾语的后边。例如：

If the predicative verb takes a word or a phrase denoting a place as an object, the complement "来" or "去" is put after the object. For example:

（1）昨天晚上他到我家来了。
（2）运动员们上山去了。
（3）我是上星期六回济南来的。

3. 如果宾语不是表示处所的词，"来"或"去"既可放在动词后，又可放在宾语后。例如：

If the object isn't a word or phrase denoting a place, the complement "来" or "去" may be put

after the predicative verb and after the object as well. For example:

(1) 他给我带来了一本书。

(他给我带了一本书来。)

(2) 朋友从我这儿借了三十元钱去。

(朋友从我这儿借去了三十元钱。)

二、"好"字的几种意义和用法

The meaning and usage of the word "好"

"好"除了表示"使人满意"的意思以外，常见的还有以下几种意义和用法：

Except the meaning "good, well, nice", the word "好" has some other meanings as follows:

1. 用在动词前，表示使人满意性质的所在方面或表示动词所表示的动作容易实行。这种结构在句中可作定语、谓语和补语。例如：

It is used before a verb to show the satisfactory respect or an easy action. The construction in a sentence can serve as the attributive, predicate or complement. For example:

(1) 每种花都有个好听的名字。

(2) 他写汉字写得很好看。

(3) 楷书很好认。

(4) 那是个好解决的问题。

这种结构的否定式是在它前边加"不"，或把"好"改为"难"。例如：

The negative form of this construction is made by adding "不" before "好" or change "好" into "难". For example:

(1) 这种东西不好吃。（这种东西难吃。）

(2) 那种词典不好买。（那种词典很难买。）

2. 用在形容词或动词前，表示程度深，常带有感叹语气。例如：

It is used before an adjective or a verb to show that a state or an action is in high degree and the mood of the sentence is usually exclamatory. For example:

(1) 这幅画好漂亮啊！

(2) 他起得好早啊！

(3) 好久不见了，我好想你呀！

第11课 中国的绘画和书法

3. 用于第二分句的动词前,表示第一个分句中动词行为的目的。例如:

It is used before a verb of the second clause to indicate the purpose of the action in the first clause.

For example:

(1) 今晚你早点儿睡,明天好早起。

(2) 请告诉我你的电话号码,我好给你打电话。

(3) 把这支笔带上吧,你考试的时候好用。

一、根据课文回答问题:

Answer the following questions according to the text:

(1) 卡里和他的同学们为什么到王老师家去?他们带去了什么东西?王老师用什么招待了他们?

(2) 一个学生请求王老师给他们介绍什么?

(3) 国画大体上可以分成几种?

(4) 卡里对什么感兴趣?他问了王老师一个什么问题?

(5) 中国书法主要有哪几种字体?哪一种最难写难认?哪一种字体最整齐好认?

(6) 为什么行书很流行?

二、把括号中的词语填入合适的位置:

Put the words in the brackets in proper place:

(1) 我爸爸不在家,A 他 B 到 C 北京 D 了。(去)

(2) 听到我们 A 在楼下 B 叫他,他赶快下 C 楼 D 了。(来)

(3) 我把我的地址 A 告诉你,B 你 C 给我 D 写信。(好)

(4) 为了 A 方便人们 B 过河 C 修建了 D 这座桥。(而)

(5) A 他的名字 B 不好 C 写,D 又不好念。(既)

(6) A 你早就到 B 教室来了,C 我以为你 D 还没有起床呢!(原来)

(7) 你 A 怎么 B 把你的女朋友 C 带来,也好让我们认识 D 认识。(不)

(8) 虽然这些词语我们A已经学过了，B可是C大家D不会用。（并）

(9) 你刚才A到哪儿去了？B叫我们C找D！（好）

(10) 我一点儿也不喜欢A那个地方，想B都没想C要到D那里去旅游。（过）

三、用括号中所给词语加上简单趋向补语"来"或"去"完成句子：
Complete the following sentences, using the words given in the brackets and the simple directional complement "来" or "去"：

(1) 你找卡里吗？他不在宿舍，＿＿＿＿＿。（到　小卖部）

(2) ＿＿＿＿＿，这几本杂志都很有意思。（借　几本杂志）

(3) 快上课了，＿＿＿＿＿。（进　教室）

(4) 你看，＿＿＿＿＿，我们过去接他吧。（从火车上　下）

(5) 我要去参加朋友的生日宴会，＿＿＿＿＿。（带　一件礼物）

(6) ＿＿＿＿＿，我现在去飞机场接他。（从广州　回）

(7) 上个月我朋友在我这儿住了几天，昨天＿＿＿＿＿。（回　他的学校）

(8) 我去青岛玩了几天，今天早上又＿＿＿＿＿。（回　济南）

四、用适当动词加上简单趋向补语"来"或"去"完成句子：
Complete the following sentences, using an appropriate verb and the simple directional complement "来" or "去"：

(1) 我在宿舍看书的时候，我朋友从外边＿＿＿＿＿了。他刚从北京旅行＿＿＿＿＿。

(2) 姐姐从国外来看我，给我＿＿＿＿＿了很多东西。我自己留了一些，还想给朋友＿＿＿＿＿一些。

(3) 这几本小说是谁从图书馆＿＿＿＿＿的？我＿＿＿＿＿两本＿＿＿＿＿看看，可以吗？

(4) 咱们的照片从照相馆＿＿＿＿＿了，你看看照得怎么样？

(5) 你看，老师已经进教室了，咱们也＿＿＿＿＿吧。

(6) 她听到我在楼上叫她，她就＿＿＿＿＿楼＿＿＿＿＿了。

(7) 下了课，学生们就各自＿＿＿＿＿房间＿＿＿＿＿了。

(8) 我跟朋友约定星期六＿＿＿＿＿千佛山＿＿＿＿＿玩。

第 11 课 中国的绘画和书法

五、用"好"加上适当动词完成句子：

Complete the following sentences, using the word "好" and an appropriate verb:

(1) 他唱歌儿唱得很 _____ 。

(2) 那种丝绸的颜色不太 _____ 。

(3) 出国手续 _____ 吗？

(4) 这辆自行车太破了，不 _____ 。

(5) 你说的那种词典不 _____ ，我跑了几家书店也没买到。

(6) 汉语拼音 _____ ，但汉字不 _____ 。

六、用"好"加上括号中形容词完成句子：

Complete the following sentences, using the word "好" and the adjectives given in the brackets:

(1) _____ 啊！在这儿看书真不错。（安静）

(2) _____ 啊！咱们还是买点儿便宜的吧。（贵）

(3) _____ 啊！放假后我一定去那儿旅游。（美）

(4) 咱们别出去了吧，_____ 啊！（冷）

(5) 那个运动员 _____ 啊！（快）

七、用连词"好"加上括号中所给的词语完成句子：

Complete the following sentences, using "好" and the words given in the brackets:

(1) 我把雨伞给你吧，_____ 。（用）

(2) 你把手机带上吧，_____ 。（打电话）

(3) 我给你买了一件棉衣，_____ 。（穿）

(4) 我一到中国就给家里打了电话，_____ 。（父母放心）

(5) 我喜欢坐火车旅行，_____ 。（看）

八、用括号中的词语完成句子：

Complete the following sentences, using the words given in the brackets:

(1) 在课堂上，同学们一边听老师讲课，_____ 。（一边）

(2) 这是你儿子吧？_____ 。（像）

(3) 我觉得有点儿不舒服，_____。（好像）

(4) 我和朋友虽然在同一个班上课，但是 _____。（差别）

(5) _____，才使他明白了我的意思。（费）

(6) _____，所以大家都很喜欢她。（热情）

(7) _____，很多年轻人都会唱。（流行）

(8) _____，老师让他再写一遍。（潦草）

(9) 这本书虽然不太厚，但是 _____。（丰富）

(10) 他是位好老师，他的课不但有意思，_____。（生动）

九、选择合适的词语填空：

Fill in the blanks, choosing a proper word:

> 应邀　做客　分成　感兴趣　简化　发明　出现　端　称　挂

(1) 昨天他结婚了，我们 _____ 参加了他的婚礼。

(2) 根据水平的差别，留学生们被 _____ 了四个年级。

(3) 我的家离学校很近，欢迎你们到我家 _____。

(4) 我 _____ 起酒杯，祝朋友生日快乐。

(5) 以前出国手续很复杂，现在已经 _____ 了。

(6) 他跑得很快，大家 _____ 他是"飞人"。

(7) 你把衣服脱下来 _____ 到衣架上吧。

(8) 最近社会上 _____ 了一种写博客(bókè, blog)的新现象。

(9) 手提电脑是谁 _____ 的？比台式电脑方便多了！

(10) 我从来不喝酒，对酒也不 _____。

十、改正下列句子中的错误：

Correct mistakes in the following sentences:

(1) 我是上个月回来中国的。

(2) 我朋友在山上叫我，我赶快上去山了。

(3) 我给你买了几个面包，好你在火车上吃。

(4) 我昨天到去你家了，可是你不在家。

(5) 服务台有你的信，你赶快下来楼取吧！

(6) 他写汉字得很潦草。

第11课　中国的绘画和书法

阅读与思考
Reading and thinking

今年是牛年

王放是经济系的研究生，他跟卡里是好朋友。他帮卡里学习汉语，卡里也经常给他纠正英语中的错误，有时他们还在一起谈论关于文化的问题。

一天，王放正在房间里看书，卡里进来了。王放请他坐下后，又给他端来了水果。卡里对王放说：

"我今天到你这儿来，是想请教你一个问题。"

"咱们是好朋友，你客气什么？有什么不明白的，尽管说。"王放笑着催卡里。

"最近我看到好多画儿上、信封上、贺卡上都画着各种各样的牛，报纸上还把今年称为'牛年'，这是为什么呢？"

"在中国，每一年都用一种动物来代表，十二年交替一次。牛是今年的代表动物，因此今年又叫'牛年'。还有呢，在牛年出生的人，他的属相也是牛。"

"原来是这样，这十二种动物都有哪些呢？有没有顺序？"卡里又问道。

"它们是鼠、牛、虎、兔、龙、蛇、马、羊、猴、鸡、狗、猪。这就是它们的顺序。"

"哦，我懂了。王老师的儿子属龙，它一定是龙年出生的，怪不得他叫龙龙。"

"对，在中国，很多人的名字都和属相有关系。"

"王放，你属什么呢？"

"今年是我的本命年，我是属牛的，二十四岁了。"

"我比你小一岁，那么是属虎了？"

"对。你这只老虎比我这头牛要厉害多了！"

"太有意思了！"卡里一边跟王放告别，一边说。

思考题：
Answer the questions

(1) 一天，卡里问了王放一个什么问题？
(2) 在中国，每年用什么作代表？多少年循环一次？
(3) 这十二种动物是什么？它们的顺序是怎样的？
(4) 王放说："今年是我的本命年。"这是什么意思？
(5) 算算看，你的属相是什么？

词语 New words

1. 纠正	jiūzhèng	（动）	to correct
2. 谈论	tánlùn	（动）	to talk
3. 请教	qǐngjiào	（动）	to ask for advice
4. 代表	dàibiǎo	（动）	to represent
5. 属相	shǔxiàng	（名）	any of the twelve animals, used to symbolize the year in which a person is born
6. 顺序	shùnxù	（名）	order
7. 鼠	shǔ	（名）	mouse
8. 兔	tù	（名）	rabbit
9. 猴	hóu	（名）	monkey
10. 厉害	lìhai	（形）	powerful

第12课

SHANDAI DA ZIRAN

善待大自然

善待大自然

清晨,市郊区的一个大蔬菜市场上摆满了各种各样的新鲜蔬菜。西红柿又大又红,黄瓜又嫩又绿。这时,一位学者样子的老人走了进来。他提着菜篮子走过来走过去,虽然那些蔬菜都很新鲜,他却一点儿也不感兴趣,谁也不知道他到底想买什么菜。忽然,他在一个小摊儿前停了下来,问道:"这菜是你的?"

卖菜的是个农民,样子很老实,说:"这菜可新鲜了,您买点儿?"

老人拿起一棵菜来,看了又看,说:"你的菜虫子咬过?"

农民看着菜叶上的窟窿,不好意思地笑了笑,说:"菜叶上是有窟窿,可价钱便宜呀。"

"好,给我来五斤。"老人很干脆地说。

"有虫子不要紧,用水一冲就掉。"

老人笑了,幽默地说:"就是冲不掉也没关系。如果上面有农药或受过污染,可就糟了。真得感谢虫子,它们替我检查了。"老人一买完菜,就走出市场去了。

也许会有人讥笑那位买菜的老人,觉得他活得太仔细。其实,老人的担心不是没有道理的。某城市曾经发生过食物中毒事件,后来经过调查才知道,是因为吃了含农药太多的菜引起的;还有,某一条河里的鱼因为喝了工厂流出来的废水,所以大批死去;大熊猫是我国稀有的珍贵动物,却因为生活环境受到破坏而濒于灭绝,这不能不引

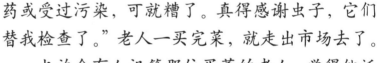

第12课 善待大自然

起我们的关注。

现在，越来越多的人开始关心自己的生存环境。保护环境，珍惜生命已经成了人们共同的愿望。蔬菜市场加强了管理和检查，许多工厂建起了废水处理池，国家还为大熊猫建立了自然环境保护区。人们相信，只要不断地努力，头上的天空会越来越蓝，河里的水会越来越清，周围的树木花草也会越来越多。

珍惜大自然，善待大自然，这不但是人们的共同心声，而且也是全人类长期的行动。

词语 New words

1. 善待　　shàndài　　（动）　　to treat well
2. 自然　　zìrán　　　（名）　　nature
3. 郊区　　jiāoqū　　　（名）　　suburbs
4. 新鲜　　xīnxiān　　 （形）　　fresh
5. 蔬菜　　shūcài　　　（名）　　vegetable
6. 嫩　　　nèn　　　　（形）　　tender
7. 却　　　què　　　　（副）　　but
8. 小摊儿　xiǎotānr　　 （名）　　stall
9. 老实　　lǎoshi　　　（形）　　honest
10. 虫子　　chóngzi　　 （名）　　worm; insect
11. 咬　　　yǎo　　　　（动）　　to bite
12. 窟窿　　kūlong　　　（名）　　hole
13. 干脆　　gāncuì　　　（形）　　simple and straight forward
14. 冲　　　chōng　　　（动）　　to flush; to wash
15. 掉　　　diào　　　　（动）　　to drop; to fall
16. 幽默　　yōumò　　　（形）　　humorous
17. 农药　　nóngyào　　 （名）　　agricultural chemical
18. 讥笑　　jīxiào　　　（动）　　to sneer at
19. 某　　　mǒu　　　　（代）　　certain

139

20. 中毒	zhōng dú		to get poisoned
21. 调查	diàochá	（动）	to investigate
22. 废水	fèishuǐ	（名）	waste water
23. 批	pī	（量）	*a measure word*
24. 大熊猫	dàxióngmāo	（名）	panda
25. 稀有	xīyǒu	（形）	rare
26. 珍贵	zhēnguì	（形）	valuable
27. 濒于	bīnyú	（动）	to be on the brink of
28. 灭绝	mièjué	（动）	to become extinct
29. 环境	huánjìng	（名）	environment
30. 加强	jiāqiáng	（动）	to strengthen
31. 管理	guǎnlǐ	（动）	to manage
32. 处理	chǔlǐ	（动）	to handle
33. 池	chí	（名）	pool
34. 清	qīng	（形）	clear
35. 心声	xīnshēng	（名）	heartfelt wishes

语法 Grammar

一、复合趋向补语

The compound directional complement

动词"上、下、进、出、回、起、过"等后边加上"来"或"去"，可作另一动词的补语，叫复合趋向补语。

The verb "上"、"下"、"进"、"出"、"回"、"起" or "过" etc. can take "来" or "去" after it to serve as the complement of another verb. This is known as a compound directional complement.

1. 复合趋向补语中的"来"和"去"的使用规则与简单趋向补语的"来"和"去"一样。如果句中有表示处所的宾语，宾语置于"来"或"去"之前；如果宾语是事物，不是处所，则可在"来"、"去"之前，也可在"来"、"去"之后。例如：

"来" or "去" in the compound directional complement is used in the same way as the simple

第12课 善待大自然

directional complement "来" or "去". If there is an object denoting a place in the sentence, it must be put in front of "来" or "去". If the object is a thing rather than a place, it can be put either before or after "来" or "去". For example:

(1) 我在屋子里，看见朋友走进来了。
(2) 他告诉我，他已经把词典买回来了。
(3) 上课了，老师走进教室来了。
(4) 孩子们爬上山去了。
(5) 他从书包里拿出一本书来。
(6) 朋友从图书馆借回来许多新杂志。

2. 如果动词后没有宾语，动态助词"了"可置于动词后，也可放在复合趋向补语之后。如果动词后有宾语，"了"一般与语气助词"了"合为一个，放在句尾，也可放在复合趋向补语之后宾语之前，此时的"了"往往省去。例如：

If the verb takes no object, the aspect particle "了" can be put either after the verb or after the compound directional complement. If the verb takes an object, the aspect particle "了" is usually put at the end of the sentence, in which case it becomes indistinguishable from the modal particle "了", or between the compound directional complement and the object, in which case it is usually omitted. For example:

(1) 他站了起来，走出去了。
(2) 他从楼上跑了下来。
(3) 老师从外边走进来了。
(4) 学生们走出电影院来了。
(5) 姐姐骑回自行车来了。
(6) 妈妈买回来（了）几个玻璃杯。

二、"一……就……"格式

The construction "一……就……"

"一……就……"格式表示前后两个动作或情况在时间上接得很紧。例如：

The construction indicates that after the first action takes place, the second follows immediately. For example:

(1) 明天我一到家就给你打电话。
(2) 老师讲课讲得很清楚，我们一听就懂。
(3) 上个月我一放假就回国了。
(4) 每天孩子们一回到家，就开始做功课。

三、副词"却"

The adverb "却"

副词"却"用于句子的主语之后,表示转折的意思。有时,句中同时用"但是"或"可是"与"却",表示加重转折的语气。例如:

The adverb "却" is put after the subject of the sentence in order to express transition. Sometimes the conjunction "可是" or "但是" and the adverb "却" are used in the same sentence to express emphasis. For example:

(1) 他只学了三个月的汉语,却说得很流利。

(2) 冬天快要到了,天气却一点儿也不冷。

(3) 这个商店不大,但是东西却很全。

练习 Exercises

一、根据课文回答问题:

Answer the questions according to the text:

(1) 那个蔬菜市场上的菜怎么样?那位老人对那些菜有兴趣吗?

(2) 那位老人最后买了什么样的菜?为什么?

(3) 为什么说老人的担心不是没有道理的?

(4) 为了保护环境人们做了什么?

(5) 如果人们都关注环境,将来我们的周围会是什么样子?

(6) 人们应该怎样对待大自然?

二、把括号中的词语填入合适的位置:

Put the words in the brackets in a proper place:

(1) 你找卡里吗?刚才我 A 看见他走 B 进 C 图书馆 D 了。(去)

(2) 听到妈妈在楼下叫他,孩子立刻 A 跑 B 下 C 楼 D 了。(来)

(3) 昨天我 A 一给他 B 打电话,C 他 D 来了。(就)

(4) 外边下雨 A 了,赶快把洗好的衣服 B 拿进 C 房间 D 吧。(来)

(5) 别着急,A 有消息,B 我 C 就马上 D 通知你。(一)

(6) 这 A 本书我 B 好像在 C 个书店里见过 D 。(哪)

(7) A 十年以前,B 我和他 C 在同一个中学 D 学习。(曾经)

第 12 课　善待大自然

(8) 你看，客人向 A 我们 B 走 C 来 D 了。(过)

(9) 如果明天 A 你有事的话，B 会议 C 安排在 D 后天吧。(就)

(10) 这件事 A 很重要，B 你 C 不要 D 忘了！ （可）

三、选择适当的复合趋向补语填空：

Fill in the blanks with the appropriate compound directional complement given below:

> 下来　上去　回去　回来　进去　进来　出来　过去　过来

(1) 他从书架上拿 _____ 一本书，看了看又放 _____ 了。

(2) 他从书包里拿 _____ 一支钢笔，开始写作业。

(3) 在商店门口，我看见老朋友从里边走 _____ 了，我立刻走 _____ 跟他打招呼。

(4) 我们谈话的时候，公共汽车从旁边开了 _____。

(5) 你看，老师向这边走 _____ 了。

(6) 他不在宿舍，我看见他走 _____ 阅览室 _____ 了。

(7) 听到妈妈在门外叫他，他急忙跑了 _____。

(8) 妈妈昨天从商店里给我买 _____ 一件衣服。

四、用带复合趋向补语的动补结构填空：

Fill in the blanks with the construction "V.+ a compound directional complement":

(1) 谁还有问题？请 _____。

(2) 电影演完了，许多观众从电影院里 _____。

(3) 空中 _____ 两架飞机。

(4) 你们应该把借的书按时 _____。

(5) 请你把名字 _____。

(6) 那几件减价的衣服很快就全 _____。

(7) 他从椅子上 _____，去迎接客人。

(8) 他在商店里 _____，_____，好半天才给女朋友选了一件礼物。

五、请用括号中的词语回答问题：

Answer the questions with the words given in the brackets:

例 Example:

A：你要把这张桌子搬到什么地方去？（搬出去　教室）

B：我要把它搬出教室去。

(1) 这幅画儿挂到哪里好？（挂回去　原来的地方）

(2) 你刚洗好的衣服都放到哪儿了？（放进去　箱子里）

(3) 学生们都到哪儿去了？（跑回去　宿舍）

(4) 那只小船在什么地方？（划回去　桥那边）

(5) 你把我的录音机放在什么地方了？（放回去　房间）

六、用"却"完成下列句子：

Complete the sentences with "却"：

(1) 他在山东工作了多年，_____。

(2) 这篇课文虽然很长，但是 _____。

(3) 汉语有点儿难，可是 _____。

(4) 弟弟虽然很聪明，_____。

(5) 你的房间虽然不大，_____。

七、用括号中所给动词和"一……就……"格式造句：

Make sentences in construction "一……就……" using the verbs given in the brackets:

(1) 我朋友快要毕业了，_____。（毕业　回国）

(2) 他很喜欢看电视，_____。（回到　打开）

(3) 这本书我明天就能看完，_____。（看完　还）

(4) 这些衣服很好洗，_____。（洗　干净）

(5) 这些生词的意思我不再讲了，_____。（查字典　知道）

八、用"也"完成句子：

Complete the sentences, using "也"：

(1) 那种词典对学习汉语很有帮助，就是再贵 _____。

第12课 善待大自然

(2) 这件事你就是不说，＿＿＿＿＿＿＿＿＿＿＿＿＿＿＿＿。

(3) 学习汉语应该多说，就是说错了，＿＿＿＿＿＿＿＿＿＿。

(4) 这些菜很新鲜，就是被虫子咬过，＿＿＿＿＿＿＿＿＿＿。

(5) 这个问题简单得很，就是老师不给我们讲，＿＿＿＿＿＿。

九、选择合适的词语填空：
Fill in the blanks, choosing a proper word:

> 污染　干脆　调查　中毒　引起　关注　珍惜　善待　处理　冲

(1) 留学的时间很短，大家应该 ＿＿＿＿ 。

(2) 那个苹果掉到地上了，再用水 ＿＿＿＿ 一下吧。

(3) 这个电视机修了很多次也没修好，＿＿＿＿ 再买一台新的吧。

(4) 那个学校发生了食物 ＿＿＿＿ ，已经有二十多名学生住进了医院。

(5) 那条河里的水已经不能喝了，因为被 ＿＿＿＿ 得很厉害。

(6) 马路上发生了交通事故，警察正在 ＿＿＿＿ 事故的原因。

(7) 现在环境问题已经 ＿＿＿＿ 了全世界的注意。

(8) 科学家们十分 ＿＿＿＿ 大熊猫的生存问题。

(9) 动物是人类的朋友，我们应该 ＿＿＿＿ 它们。

(10) 这个工厂里的污水已经 ＿＿＿＿ 过了，可以重新利用了。

十、判断下列句子的正误：
Judge which sentence is right and which is wrong:

(1) 爸爸从蔬菜市场买回来一些西红柿和黄瓜。（　）

(2) 该上课了，老师已经走进去教室了。（　）

(3) 听到我在楼上叫他，他就赶快跑上来楼了。（　）

(4) 冬天就要到了，却气温仍然这么高。（　）

(5) 下个月一放假，我就回家。（　）

(6) 你怎么还没把借的书还回去图书馆？（　）

(7) 马路上汽车太多了，你不能不小心。（　）

阅读与思考
Reading and thinking

母亲河——黄河

几千年前,黄河并不姓"黄",它的河水也很清。可是,随着她的儿女的增多,周围的森林面积越来越小,引起了严重的水土流失,她终于由绿变黄了。河底的泥沙一天比一天多,河面逐渐上升,有些地方,河面比房顶还高,成了流在人们头顶上的"悬河"。河水一次又一次地跑出来,人们的生命财产遭受到重大损失。

黄河是中华民族的摇篮,没有黄河,就没有我们这些黑头发黄皮肤的中华子孙。但是,说句实话,我们对不起我们的母亲河。水土流失的问题没有解决,又出现了新的问题。近年来,河水污染严重,被污染的河水又影响到了地下水。饮用这样的河水和地下水,怎么能保证身体健康呢?

现在,黄河污染的问题已经引起了人们的重视和关注,因为它关系到千千万万人民的生产和生活,关系到中华民族的生存和发展。如果不赶快控制污染,黄河会用更加严厉的方法来教训我们。如果我们想保护自己,保护中华民族,就必须首先保护黄河——我们的母亲河。

思考题:
Answer the questions

(1) 黄河后来为什么姓"黄"了?
(2) 为什么我们称黄河为"母亲河"?
(3) 除水土流失外,现在又出现了什么新问题?这个问题如果不解决,后果会怎样?
(4) 你们国家对环境污染问题解决得怎么样?

词语 New words

1. 面积	miǎnjī	(名)	area
2. 流失	liúshī	(动)	to be washed away
3. 悬	xuán	(动)	to hang
4. 遭受	zāoshòu	(动)	to suffer
5. 损失	sǔnshī	(动)	loss, to lose
6. 摇篮	yáolán	(名)	cradle
7. 控制	kòngzhì	(动)	to control
8. 严厉	yánlì	(形)	severe

单元练习四（第10—12课）

Exercises of Unit Four (Lesson Ten~Lesson Twelve)

一、选择合适的词语填空（15%）

Fill in the blanks, choosing a proper word:

(1) 你找我爸爸吗？他不在家。他到北京 _____ 了。
    a. 来   b. 去   c. 过   d. 回去

(2) 篆字既不好写，____ 不好认。
    a. 却   b. 但   c. 又   d. 可

(3) _____ 他没说什么，但我知道他心里有些生气。
    a. 不管   b. 尽管   c. 不论   d. 既然

(4) 对不起，我 _____ 你的书弄脏了。
    a. 使   b. 让   c. 把   d. 叫

(5) 快过来看看我们的照片，我刚从照相馆里取 _____。
    a. 回去   b. 回来   c. 过来   d. 下来

(6) 这个问题简单得很，你们 _____ 看就明白。
    a. 刚   b. 刚刚   c. 才   d. 一

(7) 老师已经进教室了，我们也快点儿 _____ 吧。
    a. 进去   b. 进来   c. 过来   d. 过去

(8) 快来看，我给你带了什么东西 _____！
    a. 去   b. 来   c. 过去   d. 上去

(9) 我们等了半天，电影 _____ 开始。
    a. 才   b. 就   c. 却   d. 还

(10) 他的病不严重，就是不去医院，_____ 能好。
    a. 就   b. 才   c. 也   d. 又

(11) 这所学校不大，著名的教授 _____ 不少。
    a. 但是   b. 却   c. 就   d. 尽管

(12) 你看，向我们开 _____ 的这辆车还是名牌呢！
    a. 过去   b. 过来   c. 进去   d. 回去

(13) 外宾从飞机上走 _____ 了。
    a. 上来   b. 下来   c. 上去   d. 过去

(14) 我买了钢琴,可是＿＿＿弹。
　　　a. 并不会　　　b. 并会　　　c. 却会　　　d. 就会

(15) 这是你女儿吗?她长得不大＿＿＿你。
　　　a. 好像　　　b. 像　　　c. 似乎　　　d. 几乎

二、把括号中的词语填入合适的位置（10%）

　　Put the words in brackets in a proper place:

(1) 这里的景色真美!真可惜,A 我 B 把 C 照相机 D 带来。（没有）

(2) A 我给你买了几瓶水,B 你路上 C 喝 D。（好）

(3) 外边刮 A 风了,你把衣服 B 拿进 C 宿舍 D 吧。（去）

(4) 这座城市 A 不大,B 生活 C 很舒适 D。（却）

(5) A 我 B 把这些生词 C 记住,D 就不去休息。（不）

(6) 这台电脑太破旧了,A 你 B 把它 C 修理 D 好吗?（能）

(7) 孩子没有吃 A 面包,B 把 C 牛奶 D 喝了。（只）

(8) A 有什么问题,B 你们 C 问老师 D。（尽管）

(9) 要是你今天 A 没有时间,B 咱们 C 明天 D 再说吧。（就）

(10) 他从口袋里 A 拿 B 一盒烟 C 来 D。（出）

三、按照要求改写句子（15%）

　　Rewrite the sentences according to the demands:

（一）改为"把"字句

(1) 他准备明天回家,现在已经买好了机票。

(2) 他没有看完电视节目就睡了。

(3) 这些水果你应该洗干净再吃。

(4) 我回到家的时候,妈妈还没有做好饭。

(5) 房间里太冷了,你关上窗子吧。

（二）用"尽管……,但是……"格式改写句子

(1) 下雪了,他们仍然在爬山。

(2) 他的年龄最小,学习却比我们都努力。

(3) 这篇课文很短,里面的生词却不少。

(4) 他只有十四岁,他就已经是大学生了。

(5) 我听不懂他的话,他的意思我却明白。

（三）用"一……就……"格式改写句子

(1) 他想毕业以后马上找工作。

单元练习四

(2) 妈妈叫我到中国以后马上给家里打电话。
(3) 下课以后他赶快到办公室去了。
(4) 朋友下了火车以后马上到我这里来了。
(5) 我收到他的信立刻给他写了回信。

四、用合适的简单趋向补语或复合趋向补语填空（10%）
Fill in the blanks, using a simple or a compound directional complement：

(1) 你朋友不在宿舍里，他到书店 _____ 了。
(2) 上个月我到南方旅游去了，昨天又回学校 _____ 了。
(3) 我在楼上呢，你赶快上 _____ 吧。
(4) 他的房间在四层，咱们一起上 _____ 看看他吧。
(5) 看，这是我刚从图书馆借 _____ 的书。
(6) 他从书包里拿 _____ 一本书，看了一会儿，又放 _____ 了。
(7) 他不在学校，我看见他走 _____ 校门 _____ 了。
(8) 听到我们在山下叫他，他赶快跑 _____ 山 _____ 了。
(9) 我已经把洗好的衣服放 _____ 衣柜里 _____ 了。
(10) 哥哥从北京给我买 _____ 许多有用的书和词典。

五、按照要求完成句子（10%）
Complete the sentences according to the demands：

（一）用"并不（没有）"完成句子
(1) 我听说过他的名字，可是 _____。
(2) 春天到了，可是气温 _____。

（二）用"好+形容词"完成句子
(1) _____呀，我吃不了这么辣的菜。
(2) 你穿上大衣吧，_____啊！
(3) 雨 _____！你带上这把雨伞吧。

（三）用"好+动词"完成句子
(1) 我买了几张中国画儿，_____。
(2) 你一定要学好外语，_____。
(3) 你把网址留给我吧，我 _____。

（四）用"却"完成句子
(1) 爷爷虽然八十多岁了，身体 _____。
(2) 他是山东人，可是 _____。

六、改正下列句子中的错误（10%）

Correct mistakes in the following sentences:

(1) 妈妈经常把儿子想。
(2) 我把你的名字知道了。
(3) 你怎么把你的男朋友不带来？
(4) 你把你的名片可以送给我吗？
(5) 我把一本书买回来了。
(6) 他是昨天回去老家的。
(7) 我给你买了一些吃的东西，好你在火车上吃。
(8) 妈妈五十多岁了，却样子很年轻。
(9) 一辆车开进来学校了。
(10) 一只蝴蝶(húdié, butterfly)忽然飞过去从我眼前。

七、给下列动词加上合适的宾语（15%）

Write out proper objects of the verbs:

调查 _____   引起 _____   珍惜 _____   善待 _____
处理 _____   关注 _____   简化 _____   发明 _____
出现 _____   吸引 _____   安慰 _____   嘱咐 _____
表达 _____   保护 _____   寻找 _____

八、选择合适的动词填空（15%）

Fill in the blanks, choosing a proper word:

费　扶　划　抬　发　劝　刻　停　挂　摆　咬　冲　碰

(1) 刀子把弟弟的手 _____ 破了，他疼得哭了起来。
(2) 这件事我 _____ 你跟你父母商量一下。
(3) 食堂饭菜的质量不太好，大家经常 _____ 牢骚。
(4) 这张桌子不能用了，把它 _____ 出去吧。
(5) 司机把车 _____ 下了，赶快上车吧。
(6) 书架上 _____ 着各种各样的书，墙上 _____ 着几幅画儿。
(7) 苹果我已经用水 _____ 过了，很干净。
(8) 虫子在菜叶上 _____ 了许多窟窿。
(9) 他对书法很感兴趣，也喜欢 _____ 印章。
(10) 他的腿受伤了，两个朋友 _____ 着他去医院了。
(11) 我不小心把停在路边的一辆自行车 _____ 倒了。
(12) 自己做饭很 _____ 时间。

第13课

JIANYAN AIQING

检验爱情

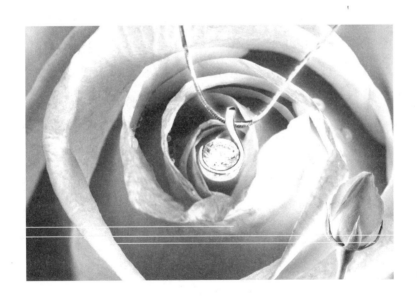

检验爱情

周芳和刘丽是市中心一家大医院的护士,她们共同的话题往往就是——自己的丈夫。

一天,周芳坐在刘丽家的客厅里,一边吃着瓜子儿,一边诉说着对丈夫的不满:"他简直是个闷葫芦,从早到晚很少说话,谁也不知道他心里想的是什么。我真弄不懂他是不是还爱我,爱我到底有多深。"她们聊着聊着,没注意天已经黑下来了。

女人对爱情总是弄不清楚,这需要男人经常告诉她们,可惜很多男人不知道这一点。

刘丽是个热心人,并且又那么聪明,看到朋友烦恼的样子,她忽然想出了一个主意:"我看这么着,从你丈夫上班的地方到咱们医院,坐出租车五分钟,骑车快点儿的话十分钟,慢点儿也用不了十五分钟。咱们假装告诉他你在上班的路上出了车祸,正在医院抢救。如果他十五分钟内赶得到,说明他爱你挺深;否则的话,……"

"这个主意太棒了!"周芳对朋友的妙计非常佩服。

第二天上班以后,两位爱情检验员马上开始了行动。她们放下电话后,得意地互相笑了笑,看了看手表,把时间记了下来。现在她们只等着看那位爱情运动员在最短时间内赶得到赶不到了。

五分钟过去了,周芳笑了笑:"我就知道这个笨蛋想不到坐出租车。"十分钟过去了,周芳不自然地笑着:"他那干瘦的体格还骑不了这么快呢。"十五分钟过去了,周芳的脸红了,眼睛里含着泪。刘丽轻轻地安慰着她:"他可能有什么别的急事,会来的。"二十分钟过去了,泪水从周芳的脸上流了下来。刘丽站在旁边,不知道该说什么才好。

这时,一位警察敲门走了进来:"请问,哪位是周芳?"

"我就是,怎么了?"周芳说。

第13课 检验爱情

"对不起,有件不幸的事告诉你。刚才有个人出了车祸,正在医院抢救。做手术的大夫认出来他是您的丈夫,所以让我来通知您一声。"

"你……你……说什么?"刘丽紧张得说不出话来。

"是这样的,"警察对刘丽说,"刚才她丈夫骑着车飞快地穿过一个十字路口,没看见红灯,也没注意旁边开过来的汽车,结果……我们觉得他那个时候头脑好像不太清楚,所以这么危险都没注意。"

"……"

词语 New words

1. 检验	jiǎnyàn	(动)	to examine
2. 中心	zhōngxīn	(名)	centre
3. 护士	hùshi	(名)	nurse
4. 往往	wǎngwǎng	(副)	frequently
5. 客厅	kètīng	(名)	drawing room
6. 瓜子儿	guāzǐr	(名)	melon seeds
7. 诉说	sùshuō	(动)	to tell; to relate
8. 不满	bùmǎn	(形)	dissatisfied
9. 简直	jiǎnzhí	(副)	simply; at all
10. 闷葫芦	mèn hūlu	(名)	man of few words; taciturn person
11. 可惜	kěxī	(形)	it's a pity
12. 热心	rèxīn	(形)	warmhearted
13. 烦恼	fánnǎo	(动)	worry; to be worried
14. 主意	zhǔyi	(名)	idea
15. 假装	jiǎzhuāng	(动)	to pretend

16. 车祸	chēhuò	（名）	traffic accident
17. 抢救	qiǎngjiù	（动）	to rescue
18. 赶	gǎn	（动）	to be in a hurry to go to some place
19. 挺	tǐng	（副）	very
20. 否则	fǒuzé	（连）	otherwise; if not
21. 棒	bàng	（形）	good; strong
22. 妙	miào	（形）	wonderful
23. 计	jì	（名）	idea; plan
24. 佩服	pèifú	（动）	to admire
25. 笨蛋	bèndàn	（名）	fool; idiot
26. 体格	tǐgé	（名）	physique
27. 不幸	búxìng	（形）	sad; unfortunate
28. 通知	tōngzhī	（动）	to give notice
29. 飞快	fēikuài	（形）	very fast
30. 十字路口	shí zì lùkǒu		crossroads
31. 红灯	hóngdēng	（形）	red light
32. 危险	wēixiǎn	（名、形）	danger; dangerous

专名 Proper names

1. 周芳	Zhōu Fāng	*name of a person*
2. 刘丽	Liú Lì	*name of a person*

语法 Grammar

一、可能补语

The potential complement

（一）在结果补语和趋向补语的前面加上结构助词"得"，就构成了可能补语。可能补语表示有某种能力或表示可能发生某种事情。例如：

The potential complement, which expresses capability or possibility, is formed by adding the

第13课 检验爱情

structural particle "得" in front of the complement of result or direction. For example:

(1) 我看得懂中文报纸。
(2) 他六点以前回得来。
(3) 你找得到他的家吗?

可能补语的否定形式是用"不"代替"得"。例如：

The negative form of the potential complement is formed by using the adverb "不" in place of "得". For example:

(1) 那座山太高了，我爬不上去。
(2) 这个问题很难，他肯定回答不出来。

动词带宾语时，宾语在可能补语的后面；如果宾语较长，可以前置。例如：

The object of the verb is placed after the potential complement. If the object is long, it is usually fronted to precede the verb. For example:

(1) 现在去还买得到火车票。
(2) 老师写在黑板上的字我看不清楚。
(3) 妈妈去年给他买的鞋子穿不了了。

在某些情况下，可能补语能代替能愿动词"能"、"可以"等；有时两者也可以并用，表示强调。例如：

In many cases, the potential complement can be used instead of the optative verb "能"、"可以", etc. Sometimes they can be used together to express emphasis. For example:

(1) 医生能治得好你的病。
(2) 一个上午可以干得完这些工作吗?

动词带可能补语的正反疑问形式是并列动补结构的肯定形式和否定形式。例如：

The affirmative-negative question of the verb with a potential complement is juxtaposing the affirmative and negative forms of the verb and its complement. For example:

(1) 汽车开得进去开不进去?
(2) 今天手续办得完办不完?

(二) "动词+得（不）+了(liǎo)"格式

The construction "verb+得（不）+了(liǎo)"

"了"常用作可能补语，有两种意思。

"了" is commonly used as a potential complement. It has two meanings.

1. 表示动作能否进行到底，能否完成。例如：

It indicates an action whether can be carried on or not, or whether can be finished or not. For example:

（1）你的工资一个月用得了吗？
（2）菜太多了，我们吃不了。
（3）这里的天气虽然很热，但是我受得了。

2. 表示对某种行为能否实现的可能性做出估计。例如：

It indicates estimate the possibility of an action whether can be realized or not. For example:

（1）这个会议一个小时结束得了。
（2）外面下这么大的雨，她肯定来不了。
（3）走这条路错不了！

二、复合趋向补语"下来"的引申用法

The extended usages of the compound directional complement "下来"

1."下来"可以通过动作使人或事物固定或保留，以免消失、离去或被遗忘。例如：

"下来"is used to indicate that a person or a thing is to be held or retained through an action so that he or it may not be lost, taken away or forgotten. For example:

（1）请把你的名字和电话号码写下来。
（2）下课后，老师请安娜和卡里留下来。
（3）他们把时间记了下来。

2."下来"用于某些形容词后表示某种状态开始出现并继续发展。例如：

"下来"is used after certain adjectives to show that a state begins, continues and develops. For example:

（1）天已经暗下来了。
（2）他的心情慢慢平静下来。
（3）她天天运动，渐渐瘦下来了。
（4）教室里很快静下来了。

三、副词"简直"

The adverb "简直"

强调完全达到或差不多达到极致的程度，具有夸张的意味。例如：

第13课 检验爱情

It stresses the fact that a certain extent has been completely or nearly reached. Sometimes it indicates an extreme attitude, bearing a sense of exaggeration. For example:

(1) 这几天简直累死了。
(2) 齐白石画的虾简直像真的一样。
(3) 这里的风景简直把我迷住了。

练 习 Exercises

一、根据课文回答问题：
Answer the following questions according to the text:
(1) 周芳和刘丽在哪儿工作？
(2) 周芳为了什么事感到烦恼？
(3) 刘丽给周芳出了一个什么主意？
(4) 周芳在等待丈夫时，她的心情怎么样？
(5) 周芳的丈夫发生了什么事？

二、选择合适的词语填空：
Fill in the blanks, choosing a proper word:
(1) 我家的客厅很小，_____这么多客人。
  a. 坐得下 b. 坐不下 c. 坐下 d. 坐上

(2) 天黑以前咱们_____家吗？
  a. 到得了 b. 去得了 c. 走得了 d. 到了

(3) 我的钢笔哪儿去了，怎么找_____了？
  a. 不到 b. 得到 c. 不了 d. 得了

(4) 他们两个人每天都在一起，好像_____似的。
  a. 分开 b. 分不开 c. 分得了 d. 分不了

(5) 那个箱子不重，我_____。
  a. 提不起来 b. 提得起来 c. 提起来 d. 提不了

(6) 他汉语说得_____太棒了！
  a. 一直 b. 简直 c. 完全 d. 似乎

157

(7) 一到北京,他们就找了一家宾馆住了_____。
  a. 下来 b. 过来 c. 起来 d. 上来

(8) 他昨天说今天来,今天又说明天来,我真弄不清楚他_____什么时候来。
  a. 终于 b. 往往 c. 到底 d. 不论

(9) 你帮了我这么多忙,我真不知道该怎么感谢你_____好。
  a. 才 b. 只 c. 就 d. 很

(10) 我们现在是朋友了,以后我会_____来看你的。
  a. 往往 b. 总是 c. 常常 d. 渐渐

(11) 他第一次参加演讲比赛,表情_____。
  a. 不自然一点儿 b. 不自然有点儿
  c. 有点儿不自然 d. 一点儿不自然

(12) 他告诉过我他的住址,可我现在想不_____了。
  a. 上来 b. 下来 c. 过来 d. 起来

(13) 考试刚开始的时候,我的心情很紧张,几分钟后就平静_____了。
  a. 起来 b. 上去 c. 下来 d. 过去

(14) 这里的变化太大了,我简直认不_____了!
  a. 下来 b. 起来 c. 出来 d. 进来

(15) 你快点儿去火车站吧,_____就来不及了。
  a. 那么 b. 于是 c. 这么 d. 否则

三、用"动词+可能补语"填空:
Fill in the blanks with "verb + potential complement":

(1) 她的声音太小,我 _____ 她说的话。(听)
(2) 今天的作业不多,我 _____。(做)
(3) 你这张纸上写的是什么呀?我 _____。(看)
(4) 箱子里的东西太多了,这几件衣服 _____ 了。(放)
(5) 没有钥匙,_____ 房门。(打)
(6) 这本书图书馆里有,你一定能 _____。(借)
(7) 公共汽车人很多,我怎么也_____,只好坐出租车。(上)

第13课　检验爱情

四、用"动词 + 得（不）+ 了"改写下列句子：
Rewrite the sentences with "verb + 得（不）+ 了":

（1）下雨的时候能比赛吗？
（2）明天的晚会我不能参加。
（3）上课以前，你能回来吗？
（4）在这里的生活我永远不会忘。
（5）吃了这些药，你的病一定能好。
（6）她能喝完这瓶啤酒。

五、根据实际情况，用带可能补语的句子问答：
According to actual situations, ask and answer the following questions with potential complement:

（1）你能听懂电视里的新闻节目吗？
（2）你能看懂中文报纸吗？
（3）早晨6点钟你能起来吗？
（4）泰山很高，你能爬上去吗？
（5）在这儿能买到你们国家的商品吗？
（6）你能修好这台电脑吗？
（7）你能记住今天学过的生词和语法吗？
（8）我们班每位同学的名字你都能叫出来吗？
（9）我用这个地址给你发 Email 你能收到吗？
（10）老师问的问题你都能回答吗？

六、用括号中所给词语加上"下来"完成句子：
Complete the sentences, using "下来" and the words given in the brackets:

（1）考试开始了，_____。（安静）
（2）今天老师讲的内容都很重要，_____。（记）
（3）你们谁有问题要问老师，_____。（留）
（4）六点多了，_____，咱们赶快回家吧。（黑）
（5）他原来很胖，_____。（瘦）

七、把"简直"加入合适的位置：
Put "简直" in a proper place of the following sentences:

（1）他刚才说的话，我一句也没听明白。
（2）收到他的信，她高兴死了。

159

(3) 她长得非常美丽，像仙女一样。

(4) 现在虽然是冬天，可是跟春天一样。

(5) 照片上的那个人是你吗？我不能相信我的眼睛。

八、用意思相近的词代替下面划线的词：
Use similar words to take place the following underlined words:

(1) 你的发音挺清楚。（　　）

(2) 她唱得太棒了。（　　）

(3) 今天没见到他，真可惜。（　　）

(4) 8点钟去参观，请你通知她一下。（　　）

(5) 听说学校门口出车祸了，你知道吗？（　　）

九、用"否则"完成句子：
Complete the sentences with "否则":

(1) 你今天一定要去医院看病，_____。

(2) 明天得早一点儿起床，_____。

(3) 你应该每天运动运动，_____。

(4) 我们一定要保护好环境，_____。

(5) 开车的时候要特别小心，_____。

十、选词填空：
Fill in the blanks, choosing a proper word:

共同　抢救　危险　不满　点　假装　不幸　赶　佩服　得意

(1) 车祸发生以后，警察马上_____到了。

(2) 她从我对面走过来的时候看见我了，可是，她_____没看见我，走过去了。

(3) 他是我的朋友，也是你的朋友，所以，他是我们_____的朋友。

(4) 老板对她的表现感到_____，所以不让她继续工作了。

(5) 听见大家都夸他的妻子漂亮，他的心里很_____。

(6) 安娜来中国只有半年，汉语就说得那么好，我们都很_____她。

(7) 老人有心脏病，儿女们很担心这一_____。

(8) 那条河的水很深，在那里游泳比较_____。

(9) 父母在地震中去世以后，他成了一个_____的孤儿。

(10) 他的病非常危险，医生正在_____。

第13课 检验爱情

阅读与思考 Reading and thinking

夜 归

"哎，玉兰，开门哪！""你是谁？""你连我也听不出来了吗？我是秋家，许秋家。""噢，嗓子哑了……我问你，你回来干什么？""睡觉啊，都十一点了，我还没有吃晚饭呢！""你如果不困不饿，那你还回家吗？这儿是旅馆还是饭店？我是你的妻子还是你的服务员？"

"玉兰……""别叫，叫也没有用。今天'旅馆'不营业，'饭店'不开门！""哎，玉兰，你替我想想，厂里有那么多事情，我能不管吗？""你天天忙，月月忙，结婚半年了，你哪天准时下过班？家里的事你管过吗？买米买菜、洗衣做饭，全是我的事。我怀孕都两个月了……""什么两个月了？……噢，明白了！明白了！"

"你简直太不像话了！我问你，你对得起这个家吗？""玉兰，别说了，开开门，让我进去，咱们慢慢谈，好吗？""我和你还有什么好谈的？我再问你，那个闹钟修好了没有？""什么？闹……哎呀，忘了。""忘了，修了八次了，忘了八次了，多好的记性！你怎么没把我忘了？""嘻嘻，我能忘得了你吗？让我进去吧，否则，我要饿死了。"

"饿死你，困死你！""这么狠？""对你这样的人，就得这样！""那——我走啦！""快走，我永远不想见你。""玉兰，再见，我明天早点儿回来，准时下班。"

"站住！你，上哪儿去？""去厂里随便找个地方睡一夜。""你不饿了？""饿一顿吧，没事儿，习惯了。""回来……你以为一走就没事了？进屋来再跟你算账……先去吃饭吧，在锅里热着呢！"

思考题：
Answer the questions

(1) 说话的两个人是什么关系？
(2) 许秋家为什么回来晚了？
(3) 玉兰对他是什么态度？为什么？
(4) 最后许秋家有没有饭吃？

词语 New words

1. 嗓子	sǎngzi	（名）	throat
2. 哑	yǎ	（形）	hoarse
3. 困	kùn	（形）	sleepy
4. 管	guǎn	（动）	to run; to manage
5. 准时	zhǔnshí	（形）	on time
6. 怀孕	huái yùn		to be pregnant
7. 闹钟	nàozhōng	（名）	alarm clock
8. 记性	jìxing	（名）	memory
9. 狠	hěn	（形）	heartless; cruel-hearted
10. 算账	suàn zhàng		to get even with sb.

专名 Proper names

1. 玉兰	Yùlán	name of a person
2. 许秋家	Xǔ Qiūjiā	name of a person

第14课

ZAI SHIYISHI HAO MA

再试一试，好吗？

再试一试,好吗?

高中毕业以后,我的许多同学都考上了大学,而学习成绩一直不错的我,却没有考上。很长一段时间,我不想见任何人,不想说任何话,心情一直很苦闷。对于这次失败,我没有足够的心理准备。

一天,同学通知我到学校领毕业证。我犹豫了犹豫,还是去了。走出校门的时候,我看到门上贴着一张招聘启事。我看了看,是一所中学招聘一名英语教师,条件是高中以上毕业,英语成绩优秀。

我突然想去试一试。我想,我长大了,该自己养活自己了。

试讲的那天,校长把我带到教室门口,轻轻拍了拍我的肩,说:"记住,要有信心。"

我看了看教室,里面坐着几乎跟我一样大的学生。见来了新老师,学生们都抬起头来看着我,我的心不由得乱跳起来。

走上讲台,当听到坐在第一排的女班长喊了一声洪亮的"起立"时,我几乎一下子忘了应该讲什么。我慌忙挥了挥手让他们坐下。我当时的神情一定很慌张,因为我听到了几个男孩子的偷笑声。

停了停,我试着讲了几句,连我自己都知道讲得糟糕极了。我

第14课 再试一试，好吗？

知道我完了，像这样站在讲台上，还不如早点儿下去。

"同学们，其实我很想跟你们在一起，可是我太糟糕，我当不了你们的老师……"说完这句话，我就想赶快逃出去。

"老师，你等等！"说话的是那个女班长。

"老师，再试一试，好吗？"

"我……我不行。"

"试一试，老师，你能行。再来一次，好吗？"

后边的几个女孩子也说："再试一试吧！"

教室里一下子静了下来。校长推了推眼镜，笑着看了看我，微微地点了点头。

突然，我觉得我有许多话要对他们说，我有许多故事想讲给他们听。我想，我不能离开这个讲台，我也许一生再也不会找到这么好的机会了。我看了看那几十双渴望知识、善良真诚的眼睛，开始讲了起来。那节课我讲得非常生动流畅。

后来，那个留着短发的女班长告诉我，她竞选班长时，第一次连一句话也没敢说，第二次脸也红，心也跳，第三次她得到了热烈的掌声。每次上台前，她都对自己说：再试一试吧。

有些话虽然很简单，但是对人的一生都会有帮助。特别是刚进入社会的时候，更需要试一试，再试一试。

词 语 New words

1. 任何　　　rènhé　　　（形）　　any
2. 苦闷　　　kǔmèn　　　（形）　　depressed
3. 失败　　　shībài　　　（名）　　failure
4. 足够　　　zúgòu　　　（形）　　enough

5. 心理	xīnlǐ	（名）		mentality; psychology
6. 准备	zhǔnbèi	（动）		to prepare; preparation
7. 领	lǐng	（动）		to get; to receive
8. 犹豫	yóuyù	（动）		to hesitate
9. 贴	tiē	（动）		to put up
10. 招聘	zhāopìn	（动）		to advertise for
11. 启事	qǐshì	（名）		notice
12. 条件	tiáojiàn	（名）		requirements; condition
13. 优秀	yōuxiù	（形）		excellent
14. 养活	yǎnghuo	（动）		to support; to feed
15. 拍	pāi	（动）		to pat
16. 肩	jiān	（名）		shoulder
17. 信心	xìnxīn	（名）		confidence
18. 几乎	jīhū	（副）		nearly; almost
19. 不由得	bùyóude	（副）		can't help doing sth.
20. 乱	luàn	（形）		in disorder; messy
21. 洪亮	hóngliàng	（形）		loud and clear
22. 慌忙	huāngmáng	（形）		hurried
23. 挥	huī	（动）		to wave
24. 慌张	huāngzhāng	（形）		flurried
25. 糟糕	zāogāo	（形）		bad
26. 微微	wēiwēi	（副）		faintly
27. 渴望	kěwàng	（动）		to thirst for
28. 善良	shànliáng	（形）		kind
29. 真诚	zhēnchéng	（形）		sincere; true
30. 流畅	liúchàng	（形）		easy and smooth
31. 竞选	jìngxuǎn	（动）		to enter into an election contest
32. 热烈	rèliè	（形）		warm
33. 掌声	zhǎngshēng	（名）		applause

第14课 再试一试,好吗?

语 法 Grammar

一、动词重叠

The reduplication of verbs

有一部分动词可以重叠,表示动作经历的时间短、动作反复多次、尝试或轻松等意义。双音节动词重叠时,以词为单位。单音节动词重叠,中间可以加上"一"。动词重叠,如有动态助词"了",可置于重叠的动词中间。例如:

Part of the verbs can be reduplicated. The reduplicated verbs show either the shortness of time of an action or the repetition of an action or a relaxed, informal action or a trial. A disyllabic verb is usually reduplicated by the whole word and "一" can be inserted in reduplicated monosyllabic verb. If a disyllabic or monosyllabic verb takes the aspect particle "了" in their reduplication, "了" should be inserted in between. For example:

(1) 这件事我们要商量商量。
(2) 做完作业后,他检查了检查,没有发现错误。
(3) 他看了看我,没有说话。
(4) 这个故事很有意思,你读一读吧。
(5) 你给我介绍介绍你的朋友吧。

二、"连……也(都)……"格式

The construction "连……也(都)……"

"连……也(都)……"的格式用来提出突出的事例,表示突出的事例是如此,其他更是如此了。突出的事例可以是主语、谓语、宾语等。突出宾语时,宾语要前置;突出谓语动词时,动词一般要重复,而且还要带其他成分。例如:

The construction "连……也(都)……" is used to give some special cases and shows that the above special cases are like this, others go without saying. The cases may be subject, predicate and object. When the object is emphasized, it must be put before the verb. When the predicate verb is emphasized, it should be repeated after "也" or "都" and takes other element. For example:

(1) 连不会中文的人也能看懂这个电影。
(2) 连他妈妈也不知道他去哪儿了。
(3) 他连广东话都听得懂。
(4) 刚来中国时,我连一个汉字也不认识。

(5) 这么好吃的菜,我以前连听也没听说过。
(6) 他连想也没想,就同意了。

三、副词"几乎"

The adverb "几乎"

1. 表示在程度、时间、距离等方面相差极小,有"差不多"、"相近"的意思。例如:

"几乎" shows a little difference in degree, in time or in distance and has the meaning of "almost", "nearly". For example:

(1) 他几乎每天给我打电话。
(2) 今天来的几乎有三千人。
(3) 那些词语我几乎个个都不明白。

2. 表示事情接近实现但并没实现,有"差点儿"的意思。例如:

"几乎"can also show that a state of affairs will happen nearly but not happened and it has the meaning of "nearly". For example:

(1) 我几乎忘了今天开会的事了。
(2) 他们在森林里几乎迷了路。

练习 Exercises

一、根据课文回答问题:

Answer the questions according to the text:

(1) 没有考上大学,"我"的心情怎样?
(2) "我"看到招聘启事的内容是什么?招聘的条件是什么?
(3) 试讲那天,"我"开始时的表现怎么样?
(4) 后来是谁让"我"再试一试?
(5) 这节课"我"上得怎么样?
(6) "我"为什么想"我不能离开这个讲台,也许一生再也找不到这么好的机会了"?
(7) 那个女班长后来告诉"我"什么了?
(8) 看了这篇课文,你有什么感想?

第14课 再试一试,好吗?

二、选择合适的词语填空:

Fill in the blanks, choosing a proper word:

(1) 这件事你可要好好_____,不要随便做决定。
    a. 想了想　　　b. 想又想　　　c. 想一想　　　d. 想想一下

(2) 我们昨天_____,决定同意你出国进修。
    a. 研究研究　　　　　　　b. 研究了研究
    c. 研究研究一下　　　　　d. 研究一研究

(3) 那个问题我们_____,但是没有讨论出结果来。
    a. 讨论　　　b. 讨论讨论　　　c. 讨论一下　　　d. 讨论过

(4) 他回国了吗?我一直想跟他_____。
    a. 见面见面　　　b. 见见面　　　c. 见见面面　　　d. 见面一见面

(5) 结婚_____,她就不工作了。
    a. 后来　　　b. 后边　　　c. 然后　　　d. 以后

(6) 他哥哥比他大四岁,已经_____了。
    a. 大学毕业　　　　　　　b. 毕业大学
    c. 毕业了大学　　　　　　d. 毕业过大学

(7) 春节快要到了,人们都要准备过年的东西,所以这两天商店里特别_____。
    a. 热烈　　　b. 热情　　　c. 热闹　　　d. 热心

(8) 飞机就要起飞了,你_____登机吧!
    a. 慌张　　　b. 赶快　　　c. 慌忙　　　d. 紧张

(9) 时间这么晚了,他们还在_____书。
    a. 看　　　b. 看了看　　　c. 看一看　　　d. 看看

(10) 好久没见你了,最近一_____时间你在忙什么呢?
    a. 趟　　　b. 会儿　　　c. 点儿　　　d. 段

(11) 这两张画看起来很_____,其实并不是同一个人画的。
    a. 像　　　b. 好像　　　c. 似乎　　　d. 几乎

(12) 他是个非常优秀的学生，每门课都在 90 分 _____。

    a. 以前   b. 以下   c. 以后   d. 以上

(13) 很多事情都是说 _____ 容易，做起来难。

    a. 上来   b. 过来   c. 起来   d. 下去

(14) 你的体重和我的 _____。

    a. 差不多   b. 几乎   c. 似乎   d. 好像

(15) 在家看电视没意思，_____ 去唱卡拉 OK 吧！

    a. 不但   b. 不管   c. 不如   d. 不过

三、用括号中所给动词的重叠形式填空：

Fill in the blanks with the reduplicated form of the verbs given in the brackets:

(1) 星期天我们班的同学想去 _____ 山，_____ 相，或者 _____。（爬 照 休息）

(2) 周末的时候我一般在宿舍 _____ 电视，或者跟朋友 _____ 天，有时候还去 _____ 东西。（看 聊 买）

(3) 明天我跟朋友 _____，决定去哪儿 _____。（商量 玩儿）

(4) 这个句子比较难，你给我们 _____，然后再给我们 _____ 吧。（讲 翻译）

(5) 他 _____ 我的肩，对我 _____，鼓励我再 _____。（拍 笑 试）

四、用"连……也（都）……"的格式完成句子：

Complete the sentences with the construction "连……也（都）……"：

(1) 我的视力很差，_____。

(2) 他的腿疼得很，_____。

(3) 谁也不知道他去哪儿了，_____。

(4) 他的汉语水平很高，_____。

(5) 我的朋友不会喝酒，_____。

第14课 再试一试，好吗？

（6）＿＿＿＿＿＿＿＿，就把那封信扔到垃圾筒里。

五、用"再也＋不／没有"完成对话：

Complete the dialogues with "再也＋不／没有"：

（1）A：大学毕业以后，你们见过面吗？

　　　B：＿＿＿＿＿＿＿＿＿＿＿＿＿＿＿。

（2）A：你不想抽支烟吗？

　　　B：＿＿＿＿＿＿＿＿＿＿＿＿＿＿＿。

（3）A：他离婚以后又结婚了吗？

　　　B：＿＿＿＿＿＿＿＿＿＿＿＿＿＿＿。

（4）A：他回国以后，给你来过信吗？

　　　B：＿＿＿＿＿＿＿＿＿＿＿＿＿＿＿。

（5）A：你还想去那个饭店吃饭吗？

　　　B：＿＿＿＿＿＿＿＿＿＿＿＿＿＿＿。

六、用"几乎"和括号中所给词语完成句子：

Complete the sentences with "几乎" and the words given in the brackets:

（1）参加晚会的人很多，＿＿＿＿＿＿＿＿＿＿。（有）

（2）这个问题很难，班上的同学＿＿＿＿＿＿＿。（不明白）

（3）这儿的变化太大了，＿＿＿＿＿＿＿＿＿。（认）

（4）她总不来上课，我＿＿＿＿＿＿＿＿＿＿。（忘）

（5）这孩子长得真快，＿＿＿＿＿＿＿＿＿＿＿。（跟爸爸一样高）

七、用"不由得"完成句子：

Complete the sentences, using "不由得"：

（1）他总是说要戒烟，可是一看见烟，＿＿＿＿＿＿＿。

（2）听到老师叫我回答问题，＿＿＿＿＿＿＿＿＿。

（3）一看到小时候的照片，＿＿＿＿＿＿＿＿＿＿。

(4) 孩子看见路边的小狗，_____。

(5) 路上，我发觉有个人总是跟着我，_____。

八、用"乱 + 动词"或者"偷 + 动词"完成句子：

Complete the sentences with "乱 + verb" or "偷 + verb":

(1) 妈妈嘱咐孩子："马路上汽车很多，不要_____！"

(2) 你想好了再回答，别_____。

(3) 考试的时候，不要_____别人的试卷儿！

(4) 小弟弟喜欢在墙上_____，妈妈经常批评他。

(5) 在他不注意的时候，我给他_____了一张照片。

九、给下列动词加上合适的宾语：

Write out the objects for the following verbs:

抬_____   挥_____   拍_____   推_____

领_____   贴_____   点_____   当_____

十、用括号中的词语完成句子：

Complete the sentences, using the words given in the brackets:

(1) 我邀他放假以后跟我一起去旅游，_____，最后还是答应了。

（犹豫）

(2) 那家公司需要一名打字员，_____。（招聘）

(3) 大学毕业了，我想找一个工作，_____。（养活）

(4) _____，他获得了多数票，最终当上了那所大学的校长。

（竞选）

(5) 这次期末考试，他的成绩很不好。对于这样的结果，_____。

（准备）

第14课　再试一试，好吗？

阅读与思考 Reading and thinking

妈妈的爱

那天傍晚，天气很好，我想出去散散步，呼吸呼吸新鲜空气，让脑子休息休息。我慢慢地走着，在一片空地上，我看到一个十岁左右的小男孩和一位妇女。那孩子正在用一只弹弓打一个立在地上的玻璃瓶子。他打弹弓的水平很差，石子打得忽高忽低。那位妇女坐在草地上，从一堆石子里捡起一颗，轻轻地放到孩子手里。那孩子打出去一颗，再接过另一颗。从那妇女的眼神中可以看出，她是那个孩子的妈妈。

那孩子很认真。瞄很久，才打出去一颗石子。我站在旁边都可以看出他一定打不中，可是他还在不停地打。

我走上前去，对那母亲说："让我教教他，好吗？"

他母亲对我笑了笑，说："谢谢，不用。"她停了停，看了看那孩子，轻轻地说："他看不见。"

我一下子愣住了。

"真对不起，但为什么……"

"别的孩子都这么玩儿。"

"可是他……怎么能打中呢？"

"我告诉他，总会打中的。关键是他做了没有。"母亲平静地说。

我沉默了。

我慢慢发现，那孩子打得很有规律，他打一下，向一边移移，打一下，再动动，然后再慢慢地移回来。过了很久，天已完全黑了，我已经看不清那个瓶子的轮廓了，但是那石子碰到地上的"砰砰"声还在重复。

"看样子，今天他不会打中了。"我想。我犹豫了一下，对他们说了声"再见"，就走了。

走出不远，我听到了一声清脆的瓶子崩裂的声音。

思考题：

Answer the questions

(1) 作者在空地上看到什么人？他们正在干什么？
(2) 那个孩子打弹弓的水平高吗？为什么？
(3) 作者慢慢发现了什么？他猜那个孩子会打中吗？
(4) 孩子最后打中了吗？这说明了什么？

词语 New words

1. 傍晚	bàngwǎn	（名）	toward evening; dusk
2. 脑子	nǎozi	（名）	brains
3. 弹弓	dāngōng	（名）	catapult
4. 玻璃瓶	bōlípíng	（名）	glass bottle
5. 堆	duī	（量）	a measure word
6. 捡	jiǎn	（动）	to pick up
7. 颗	kē	（量）	a measure word
8. 瞄	miáo	（动）	to concentrate one's gaze on
9. 中	zhòng	（动）	to hit
10. 愣	lèng	（动）	to be dumbfounded
11. 关键	guānjiàn	（名）	crux; key
12. 沉默	chénmò	（动）	to be in silence
13. 规律	guīlǜ	（名）	law
14. 移	yí	（动）	to move
15. 轮廓	lúnkuò	（名）	outline
16. 砰砰	pēngpēng	（拟声）	thump; bang
17. 清脆	qīngcuì	（形）	clear and melodious
18. 崩裂	bēngliè	（动）	to break apart

第15课

高校里的"考研大军"

高校里的"考研大军"

过去,还没到放假的时间,学生们就开始忙碌起来了。先是一天一天地数日子,然后就是订车票、买东西、收拾行李。放了假,人走楼空,校园里一片寂静。

今年的暑假,虽然天气持续高温,但你仍然会看到有不少学生留守校园。他们个个来去匆匆,天天按照宿舍——教室——食堂这条路线行动。他们宿舍里的电灯天天亮到深夜。这就是最近几年在大学里兴起的一支"考研大军",也称为"考研族"。

考研,正成为大学校园里越来越热的话题。越来越多的人正在加入这支考研队伍。某师范大学四年级的一个班,全班五十多个人中,只有六个人没有报考。另一个学生宿舍里一共住了七个学生,人人都报了名参加考试。

报考研究生的人数在不断增加,他们的心态并不完全一样。有的学生认为现在是科学发展、知识更新的时代,社会越发展,人的知识越需要更新。人人都应该进一步学习,接受新事物,增长新知识,否则,就会被社会淘汰。尽管他们上本科的时候已经掌握了一定的知识,但是现在已经远远不能适应社会发展的需要。这部分学生渴望学习新知识,有上进心。他们的目标很明确,决心也很大。

有的报考研究生是因为自己的专业或工作环境不太理想,希望通过考研改变一下。一个学哲学的毕业生报考了英语专业的研究生。她说:"我真正感兴趣的是英语,我越学越觉得英语有意思,我想以后从事和英语有关系的工作。考研究生是改变工作的最好方式。"

第15课 高校里的"考研大军"

一个学历史的同学说:"研究生找工作总比本科生要好一些,我想通过考研把自身的条件提高一点儿。我希望三年以后能找到一个比较满意的工作。"他的话代表了一些冷门专业的学生的心态。

还有少数学生报考研究生只是想试一试。一位学经济管理的女生说:"我平时没怎么准备,能考上当然很好,考不上,也是意料中的事,不会受什么打击。"

漫步在高校校园里,不管是在教室还是在图书馆,你都会看到那些埋头苦读、一心准备考试的人们。你还会发现,这支"考研大军"一天比一天壮大,这是一种可喜的现象。

词语 New words

1. 忙碌	mánglù	(形)	busy
2. 数	shǔ	(动)	to count
3. 订	dìng	(动)	to book (a ticket)
4. 收拾	shōushi	(动)	to put in order
5. 行李	xíngli	(名)	pack; luggage
6. 片	piān	(量)	*a measure word*
7. 寂静	jìjìng	(形)	quiet; silent
8. 持续	chíxù	(动)	to continue
9. 来去匆匆	láiqù cōngcōng		in a hurry to go on a trip
10. 兴起	xīngqǐ	(动)	to rise
11. 族	zú	(名)	group
12. 报考	bàokǎo	(动)	to enter oneself for an examination
13. 心态	xīntài	(名)	psychology; mentality
14. 更新	gēngxīn	(动)	to renew; to replace
15. 越……越……	yuè…yuè…		the more..., the more...
16. 接受	jiēshòu	(动)	to receive
17. 增长	zēngzhǎng	(动)	to increase
18. 淘汰	táotài	(动)	to eliminate through selection or competition; to fall into disuse

19. 掌握	zhǎngwò	（动）	to know well; to grasp
20. 适应	shìyìng	（动）	to adapt to
21. 目标	mùbiāo	（名）	goal; aim
22. 明确	míngquè	（形）	clear and definite
23. 决心	juéxīn	（名）	determination
24. 理想	lǐxiǎng	（名、形）	ideal; perfect
25. 通过	tōngguò	（介）	by way of
26. 哲学	zhéxué	（名）	philosophy
27. 从事	cóngshì	（动）	to go in for; to do
28. 和……有关系	hé…yǒuguānxi		to have sth. to do with
29. 方式	fāngshì	（名）	way; means
30. 冷门（儿）	lěngmén(r)	（名）	a profession, trade or branch of which learning receives little attention
31. 意料	yìliào	（动）	to expect
32. 打击	dǎjī	（动）	blow; to strike
33. 漫步	mànbù	（动）	to ramble; to stroll
34. 埋头苦读	máitóu kǔdú		to bury oneself in books
35. 壮大	zhuàngdà	（动）	to grow in strength

语法 Grammar

一、量词、名词的重叠

The reduplication of measure words or nouns

1. 量词的重叠

The reduplication of measure words

量词的重叠有"每"的意思，可修饰句中的主语和前置宾语，有时也可充当主语和前置宾语。量词重叠时，句中的谓语常带有副词"都"，有"毫无例外"的意思。例如：

When it is reduplicated, a measure word has the meaning of the word "每". A reduplicated measure word can only qualify the subject or the preposed object in the sentence. Sometimes it also can be used as a subject or a preposed object in the sentence. In a sentence with a reduplicated measure word, the adverb "都" is often used in the predicate to show emphasis. For example:

第15课 高校里的"考研大军"

(1) 你说的句句话我都记住了。
(2) 个个教室我们都打扫得很干净。
(3) 她买了三件衬衣，件件都很合适。

2. 名词的重叠

The reduplication of nouns

少数名词也可以重叠，重叠后的意思和作用跟量词重叠一样。例如：

A few nouns can also be reduplicated. A reduplicated noun has the same meaning and function as that of a reduplicated measure word. For example:

(1) 人人都喜欢那个可爱的小姑娘。
(2) 家家都买了电视机。
(3) 村村都修建了公路。

二、数量词的重叠

The reduplication of numeral-measure word

1. 数量词重叠可在句中做状语，说明动作的方式。例如：

When it is reduplicated, a numeral-measure word can be used as an adverbial adjunct to show the manner of an action. For example:

(1) 学生们两个两个地做练习。
(2) 老师一个一个地讲解生词。

2. 数量词重叠还可做定语，用于描写事物很多的样子。例如：

When it is reduplicated, a numeral-measure word can also be used as an attributive to show enumeration of things one by one. For example:

(1) 桌上摆着一盘一盘的水果。
(2) 一本一本的新书都发给了学生。

三、"越……越……"格式

The construction "越……越……"

"越……越……"表示程度随着条件的发展而发展。例如：

The construction "越……越……" indicates that two things increase or decrease in a parallel way, or that one increases in the same degree as the other decreases. For example:

(1) 你在这儿住的时间越长，了解的东西就越多。
(2) 这本小说太有意思了，我越看越不想放下。
(3) 那座山很高，登山运动员们越往上爬越觉得吃力。

练习 Exercises

一、根据课文回答问题：
Answer the questions according to the text:

(1) 过去，大学放假前后的情况怎么样？
(2) 今年暑假跟以前的情况有什么不同？
(3) 为什么报考研究生的学生被称为"考研大军"或"考研族"？
(4) 报考研究生学生的心态和目的都一样吗？
(5) "考研大军"的发展状况怎么样？

二、选择合适的词语填空：
Fill in the blanks, choosing a proper word:

(1) 我把画儿一张一张 _____ 贴到了墙上。
    a. 的   b. 地   c. 得   d. 着

(2) 他把一束一束 _____ 鲜花都放在了花瓶里。
    a. 地   b. 得   c. 的   d. 多

(3) 妈妈把我的衣服都洗了，_____。
    a. 件件都洗得很干净   b. 洗得很干净件件
    c. 件件很干净洗得   d. 很干净件件洗得

(4) _____ 春夏秋冬，那里的气候都很好。
    a. 尽管   b. 虽然   c. 不管   d. 就是

(5) 我来中国的目的很 _____，就是要学习汉语。
    a. 正确   b. 明确   c. 的确   d. 确实

(6) 我刚到中国，现在还不太 _____ 这里的生活。
    a. 合适   b. 应该   c. 适应   d. 适合

(7) 外边很冷，雪也 _____ 下 _____ 大。
    a. 越来越……越来越   b. 又……又
    c. 一边……一边   d. 越……越

(8) 这些家具太旧了，需要 _____ 了。
    a. 变新   b. 换新   c. 更新   d. 更加新

第15课 高校里的"考研大军"

(9) 火车票已经卖完了，没 _____，我们只好坐飞机了。
  a. 方法　　　b. 想法　　　c. 方式　　　d. 办法

(10) 这个句子有点儿长，但是却 _____ 不难懂。
  a. 就　　　　b. 才　　　　c. 可　　　　d. 并

(11) 他只有40多岁，头发却已经 _____ 白了。
  a. 换　　　　b. 变　　　　c. 变化　　　d. 改变

(12) _____ 电脑，我得到了许多有用的信息。
  a. 通过　　　b. 对于　　　c. 经过　　　d. 经验

(13) 最近社会上 _____ 了出国的风气。
  a. 起来　　　b. 兴起　　　c. 发生　　　d. 发展

(14) 这个公司的情况越来越糟糕，已经没有什么 _____ 了。
  a. 希望　　　b. 盼望　　　c. 愿望　　　d. 渴望

(15) 孩子长得 _____ 高了。
  a. 一天又一天　　　　　　b. 一天再一天
  c. 一天比一天　　　　　　d. 一天接一天

三、用重叠的量词或名词填空：
Fill in the blanks with a reduplicated measure word or a reduplicated noun:

(1) 海边的楼房 _____ 都很漂亮。
(2) 商店里挂着的大衣 _____ 都很贵。
(3) 这孩子 _____ 见了都喜欢。
(4) 现在人民的生活水平提高了，差不多 _____ 都有电视机。
(5) 他的期末考试成绩非常好，_____ 课都是90多分。
(6) 有一句俗话说得好："_____ 大路通罗马。"

四、用重叠的数量词填空：
Fill in the blanks with reduplicated numeral-measure word:

(1) 今天他买了很多书，一回到房间，他就把书 _____ 地摆到了书架上。
(2) 天晚了，_____ 的汽车都停在了路边上。
(3) 老师把学生们的名字 _____ 地写下来了。
(4) 学生们把桌子 _____ 地抬进了教室。
(5) 妈妈把 _____ 的菜摆在饭桌上。

五、选择"越来越……"或"越……越……"填空：
Fill in the blanks, choosing "越来越……" or "越……越……":

(1) 我们学了两个月汉语了，我们学的生词＿＿＿＿多了，语法也＿＿＿＿难了。

(2) 这支歌很好听，我＿＿＿＿听＿＿＿＿喜欢听。

(3) 参加晚会的人＿＿＿＿多，晚会也＿＿＿＿开＿＿＿＿热闹。

(4) 这个问题我＿＿＿＿听＿＿＿＿不明白。

(5) 雨＿＿＿＿下＿＿＿＿大了，别出去了。

(6) 我＿＿＿＿问，他＿＿＿＿不说，真急死我了。

(7) 阿里来中国已经半年多了，他＿＿＿＿习惯中国的生活了。

(8) 考试的时候你不要紧张，＿＿＿＿紧张＿＿＿＿容易出错。

六、用"一天比一天"和括号中词语完成句子：
Complete the sentences with "一天比一天" and the words given in the brackets:

(1) 我们的汉语水平＿＿＿＿＿＿＿＿＿＿＿＿＿＿＿。（提高）

(2) 他病了好几年了，身体＿＿＿＿＿＿＿＿＿＿＿＿。（差）

(3) 我会的汉字＿＿＿＿＿＿＿＿＿＿＿＿＿＿＿＿＿。（多）

(4) 老师讲的内容＿＿＿＿＿＿＿＿＿＿＿＿＿＿＿。（难）

(5) 我们的友谊＿＿＿＿＿＿＿＿＿＿＿＿＿＿＿＿。（深）

(6) 这个学校的条件＿＿＿＿＿＿＿＿＿＿＿＿＿。（好）

七、用"和……（没）有关系"完成句子：
Complete the sentences with "和……（没）有关系":

(1) 应该大力发展经济，因为人民生活水平的高低＿＿＿＿＿＿＿＿。

(2) 医生告诉那个病人，他的病＿＿＿＿＿＿＿＿＿＿＿＿＿＿＿。

(3) 他学的专业是外语，他打算毕业以后＿＿＿＿＿＿＿＿＿＿＿。

(4) 他没有参与那件事，他＿＿＿＿＿＿＿＿＿＿＿＿＿＿＿＿＿。

(5) 人人都应该保护环境，环境的好坏＿＿＿＿＿＿＿＿＿＿＿。

八、用"理想"完成句子：
Complete the sentences with "理想":

(1) 他从小就喜欢飞机，＿＿＿＿＿＿＿＿＿＿＿＿＿＿＿＿＿＿。

第15课　高校里的"考研大军"

(2) _____，所以他打算到另外一所学校学习。
(3) 作为年轻人，_____。
(4) 大学毕业以后，我想从事翻译工作，_____。
(5) 这次汉语水平考试以后，他的心情不太好，因为_____。

九、用括号中所给词语完成句子：
Complete the sentences, using the words given in the brackets:

(1) 大学毕业以后他没有找工作，他 _____。　（报考）
(2) 明天咱们就要出发了，_____。　（收拾）
(3) 学院里组织了一支合唱队，_____吗？　（加入）
(4) 虽然老师已经解释了这条语法，_____。　（掌握）
(5) 研究生毕业以后他一直 _____，因为他学的专业就是经济。　（从事）
(6) 我喜欢旅游，旅游 _____。　（增长）
(7) 他在一家公司找到了工作，_____。　（满意）
(8) 上个星期六我请同学吃饭了，_____。　（一共）
(9) _____，我们都不明白他到底是同意还是反对。　（明确）
(10) 越来越多的同学加入了我们的足球队，_____。　（壮大）

十、选词填空：
Fill in the blanks, choosing a proper word:

数　适应　更新　持续　代表　淘汰　报名　发展　改变　发觉

(1) 你 _____ 参加下次的汉语水平考试吗？
(2) 我要 _____ 一下晚睡晚起的生活习惯。
(3) 班长的发言 _____ 了我们全班同学的意见。
(4) 我刚来中国，还不太 _____ 这里的生活。
(5) 这个听力室的设备太旧了，应该 _____ 了。
(6) 这是找你的钱，你 _____ 一下。
(7) 最近几年，我省的工农业 _____ 很快。
(8) 谁不努力学习和工作，谁就会被社会 _____。
(9) 他今天脸色不太好，你 _____ 了吗？
(10) 最近天天阴天，这种天气已经 _____ 了一个星期了。

阅读与思考
Reading and thinking

大学生打工

大学生打工，这是近年来发生在大学里的一个大变化。过去大学生上学不交学费，不交住宿费。他们的生活费和学习用品费不是国家给的，就是家里负担的。改革开放以后，这种上学的方式正在改变，上学的费用不再是国家完全提供。大学生们为了减轻父母的负担，为了早一点儿接触社会，感受一下自食其力的苦和乐，课余时间他们走出校门，到社会上去打工。

我家附近的一个饭店有二十几张餐桌、三个雅间和一个卡拉OK歌厅。这儿的服务员个个都是大学生。他们的工作时间是每天下午五点到晚上九点半。这家饭店的经理说，大学生文化水平高，服务态度好，他们的服务给餐厅增加了文明气氛。

王英学的是旅游管理专业。一天，她在校园里看到一家饭店招聘服务员，就去报了名。她天天晚上在那儿干活，已经挣了不少钱，这是她生平二十几年来第一次不向父母要钱。她亲身体会到这些钱来得不容易，是自己用一滴一滴的汗水换来的。

李平是学外语的，他利用课余时间去当家庭教师，帮助一些中学生复习功课。当他看到自己的学生外语水平一天比一天提高的时候，他心中充满了成就感。

大学生打工会影响学习吗？王英说："我去打工，虽然学习的时间少了，但是我会更加珍惜时间，提高学习效率。打工虽然忙一点儿、累一点儿，但可以自食其力，觉得很开心。"

当然，任何事情都有两面性，如果处理不好，就会有损失，因为打工而影响学业的例子也有不少。所以，对于大学生打工问题，也常常能听到反对的意见。

思考题：
Answer the questions

(1) 过去，大学生们上学的方式是什么？现在发生了什么变化？
(2) 大学生为什么去打工？
(3) 饭店为什么喜欢用大学生当服务员？
(4) 除了当服务员以外，有的学生还做什么工作？
(5) 大学生打工会影响学习吗？你是怎么看这个问题的？你们国家大学生打工的多不多？

第15课 高校里的"考研大军"

词语 New words

1. 提供　　　tígōng　　　　（动）　　to provide
2. 减轻　　　jiǎnqīng　　　（动）　　to lighten
3. 接触　　　jiēchù　　　　（动）　　to come into contact with
4. 感受　　　gǎnshòu　　　（动）　　to feel
5. 自食其力　zì shí qí lì　　　　　　to support oneself by one's own labour
6. 雅间　　　yǎjiān　　　　（名）　　private rooms (in a restaurant)
7. 经理　　　jīnglǐ　　　　（名）　　manager; director
8. 态度　　　tàidu　　　　（名）　　attitude; manner
9. 文明　　　wénmíng　　　（形）　　civilized
10. 挣　　　　zhèng　　　　（动）　　to earn; to make
11. 汗水　　　hànshuǐ　　　（名）　　sweat
12. 成就　　　chéngjiù　　　（名）　　success; achievement
13. 效率　　　xiàolǜ　　　　（名）　　efficiency

185

单元练习五(第13—15课)

Exercises of Unit Five (Lesson Thirteen~Lesson Fifteen)

一、选词填空(15%)

Fill in the blanks, choosing a proper word:

(1) 这个问题我想了半天也没 _____ 明白。
    a. 做　　　　b. 弄　　　　c. 出　　　　d. 数

(2) 这些年我一直 _____ 研究这个问题。
    a. 正在　　　b. 正　　　　c. 刚　　　　d. 在

(3) 父母和孩子应该互相尊重,在这一 _____ 上我和你的看法是一样的。
    a. 面　　　　b. 边　　　　c. 点　　　　d. 个

(4) 我妈妈是个 _____ 人,总喜欢帮助别人。
    a. 热心　　　b. 热情　　　c. 热烈　　　d. 热闹

(5) 我给您添了这么多麻烦,真不知该怎么感谢你 _____ 好。
    a. 就　　　　b. 才　　　　c. 只　　　　d. 还

(6) 以后有什么需要帮忙的,尽管告诉我一 _____。
    a. 遍　　　　b. 字　　　　c. 声　　　　d. 口

(7) 为了当演员,他一直 _____ 练普通话,现在终于达到了标准。
    a. 累　　　　b. 苦　　　　c. 难　　　　d. 乱

(8) 在国外的时候,我不 _____ 给父母打电话。
    a. 平时　　　b. 往往　　　c. 常常　　　d. 从来

(9) 昨天在剧院看京剧的时候,我坐在第二 _____ 的中间。
    a. 队　　　　b. 条　　　　c. 名　　　　d. 排

(10) 我是你的小学同学啊,你认不 _____ 了吗?
    a. 下来　　　b. 上来　　　c. 出来　　　d. 起来

(11) 天渐渐黑 _____ 了,孩子怎么还没回家?
    a. 起来　　　b. 下来　　　c. 上来　　　d. 过来

(12) 今天的晚会又 _____ 了三个节目。
    a. 发展　　　b. 增长　　　c. 加入　　　d. 增加

186

单元练习五

(13) 我也属于"上班_____",天天要工作八个小时。
  a. 族   b. 类   c. 人   d. 组

(14) 妈妈_____教育工作已经有三十多年了。
  a. 弄   b. 当   c. 从事 d. 办

(15) 他是南方人,对北方的天气一直不太_____。
  a. 合适 b. 适合 c. 适应 d. 认识

二、给下面的动词加上宾语(10%)
 Write out proper objects of the verbs:

 招聘_____ 接受_____ 掌握_____ 更新_____
 收拾_____ 报考_____ 竞选_____ 订_____
 检验_____ 发展_____

三、把括号中的词语填入合适的位置(10%)
 Put the words in brackets in a proper place:

(1) 现在 A 要找一个 B 满意的 C 工作 D 太难了。(简直)
(2) A 我 B 电脑都没有,C 怎么 D 给你写 Email?(连)
(3) A 结婚以后,B 他 C 没跟以前的女朋友 D 见过面。(再也)
(4) A 一个 B 去过桂林的 C 人都说,那儿的 D 风景很漂亮。(任何)
(5) 爬上 A 长城以后,B 我 C 一步 D 也走不动了。(几乎)
(6) A 小孩子 B 一个人在马路上 C 跑很 D 危险。(乱)
(7) 妈妈不让 A 他多吃糖,可是他 B 常常在妈妈不注意 C 的时候 D 吃。
                (偷)
(8) 刘老师,A 你不会唱英文歌,那么 B 中文歌 C 你 D 会唱一两首吧?
                (总)
(9) 我跟他只 A 见过一面,B 不 C 了解他 D。(怎么)
(10) 他 A 要来中国留学 B,现在终于 C 实现了这个 D 愿望。(一心)

四、填写恰当的汉字(10%)
 Write proper Chinese characters in the brackets:

(1) 最近生意不太好,他觉得很( )恼。
(2) 他会说五种外语,我真( )服他。
(3) 我要自己挣钱( )活自己。

187

(4) 他的发音非常糟（　　）。
(5) 她（　　）着很短的头发，像一个男孩子。
(6) 他房间的灯光天天（　　）到深夜。
(7) 我今年的（　　）标是考到HSK八级。
(8) 下个月考试，你还有足（　　）的时间准备。
(9) 这么便宜，你快买吧，还犹（　　）什么！
(10) 这次失败对他是一个很大的（　　）击。

五、解释下面词语的意思（5%）
Explain the meanings of the underlined words:

例如：她长得很<u>好看</u>。
　　　好看：漂亮

(1) 每次在比赛以前，我总是对自己说："加油，你<u>能行</u>！"
　　能行：
(2) 到现在一个球也没有踢进去，看来我们队<u>完了</u>。
　　完了：
(3) 他学习不努力，考不上大学是<u>意料中的事</u>。
　　意料中的事：
(4) 你是学历史的吗？这可是个<u>冷门</u>专业。
　　冷门：
(5) 现在世界上出现了"<u>汉语热</u>"现象。
　　汉语热：

六、用动词的重叠形式填空（5%）
Fill in the blanks with reduplicated verbs:

例：请您给我们 <u>介绍介绍</u> 这个大学的情况，好吗？（介绍）

(1) 她考得不好，很伤心，你去 _____ 她吧。（安慰）
(2) 昨天他把钱交给了我，我 _____，正好1000元。（数）
(3) 她没有工作，每天 _____ 音乐，_____ 书，有时跟朋友 _____。
　　　　　　　　　　　　　　　　　　　（听　看　见面）

七、选择合适的数量词重叠形式填空（5%）
Fill in the blanks with reduplicated numeral measure words:

例：爸爸 <u>一步一步</u> 地走远了。

单元练习五

(1) 马路两边 ＿＿＿＿＿＿ 的树又高又直。

(2) 他把书 ＿＿＿＿＿＿ 地放进箱子里。

(3) 他低着头，＿＿＿＿＿＿ 地抽着烟。

(4) 阅览室的桌子上 ＿＿＿＿＿＿ 的电脑都是新买来的。

(5) 他 ＿＿＿＿＿＿ 地听录音，终于听懂了那篇课文的内容。

八、用"动词＋可能补语"填空（5%）

Fill in the blanks, using "verb + potential complement":

(1) 黑板上的字太小了，我 ＿＿＿＿＿＿＿＿＿＿。

(2) 停电了，今天的听力课 ＿＿＿＿＿＿＿ 了。

(3) 我不知道这句话用英语怎么说，连我们老师也 ＿＿＿＿＿＿＿。

(4) 昨天晚上喝了两杯咖啡，结果躺在床上怎么也 ＿＿＿＿＿＿＿。

(5) 这个句子里边有两个错字，你们 ＿＿＿＿＿＿＿＿ 吗？

九、选择正确的回答（5%）

Choose right answers:

(1) A：你昨天找到钱包了吗？

B：＿＿＿＿＿＿＿＿＿＿。

a. 我找了半天才找得到钱包。

b. 我找了半天才找到钱包。

(2) A：你今天晚上能写完作业吗？

B：＿＿＿＿＿＿＿＿＿＿。

a. 作业太多了，写不完。

b. 作业太多了，没写完。

(3) A：那条路不好走，汽车能开过去吗？

B：没问题，＿＿＿＿＿＿＿＿＿＿。

a. 开了过去

b. 开得过去

(4) A：你们打算坐飞机还是坐火车去广州？

B：＿＿＿＿＿＿＿＿＿＿。

a. 买不上飞机票就坐火车去

b. 不买上飞机票就坐火车去

(5) A：在今天的晚会上，你觉得 _____？
　　B：她唱得好极了。
　　a. 她唱得好不好
　　b. 她唱得好唱不好

十、把下面的词语组织成句（10%）

Put the following words in order and make sentences:

(1) 我　晚上　把　酒杯　昨天　不　打　小心　了　饭店　的　破

(2) 他　为　同学们　胖　矮　称　地　开玩笑　他　又……又……　"大熊猫"

(3) 一张　换　钱　的　两张　100元　把　50元　她　成　的

(4) 名字　想　我　不　叫　一下子　起来　他　什么　了

(5) 公司里　解决　个个　非常　的　他　问题　得　都　好

十一、完成句子（20%）

Complete the sentences, using the words in brackets:

(1) 你越紧张，_____。（越……）
(2) 你多穿点儿衣服吧，_____。（否则）
(3) 他太忙了，_____。（连……也……）
(4) 一看到多年没见面的老朋友，_____。（不由得）
(5) 他出国以后，_____。（再也）
(6) 自己做饭太麻烦，_____。（不如）
(7) 她就是你的妹妹吗？_____。（简直）
(8) 今天的晚会来了很多人，_____。（几乎）
(9) 来中国以后，_____。（一天比一天）
(10) 我的理想是，_____。（成为）

第 16 课

BUMIE DE DENGGUANG

不灭的灯光

不灭的灯光

我十六岁那年,一次交通事故,双腿严重骨折,在床上躺了三个多月。医生说,完全治好的希望不大。我每天除了望着天花板伤心流泪以外,别的什么都不想做。

姐姐比我大六岁,她在一所小学教音乐已教了两年了。一天,她给我拿来高中课本,默默地放在我的枕头旁边。我怒气冲冲,把课本一下子都扔到地板上,连看也不想看。姐姐弯下腰,一本一本地拾起来。我看到,大滴大滴的泪水从她眼里流了出来。

有一天晚上,姐姐轻轻地走进我的房间,把我扶起来,指着对面那座黑漆漆的楼房,说:"你看见那扇窗子了吗?三楼,左边第二个窗口?那里住着一个双腿残废的姑娘,她白天在一家工厂干八个小时的活儿,晚上还要看几个小时书。尽管她才十七岁,可已经发表了很多作品了。"听了姐姐的话,我脸红了。虽然我是个男子汉,可是人家那位姑娘比我坚强多了。从那天以后,我一看到窗口那束灯光,就不由得拿起枕头旁边的课本。

一天下午,天下着大雨,姐姐在回家的路上为了抢救一名掉到河里的学生,竟然永远离开了我们。这不幸的消息使我们全家万分悲痛。

第二天晚上,当我又看到那束灯光的时候,突然想去看看那位姑娘,把姐姐的事讲给她听,还想感谢她的灯光给了我希望和勇气。我拄着双拐,吃力地爬上三楼,轻轻地敲了几下门。没有回音,又敲了几下。对面门里走出

第16课　不灭的灯光

来一位老太太,她看了我一会儿,说道:"小伙子,别敲了,那间房子是空的。"

我呆住了。

"从前我儿子在这儿住过三年,后来他搬到别的地方去了。三个多月前,一位姑娘租下了这间房子,但她并不住在这儿。她只是让我晚上把灯拉亮,早上再把灯关掉……"

我一下子全明白了,这时耳边似乎又听到了姐姐那亲切的声音:

"弟弟,鼓起勇气来!鼓起勇气来啊……"

从那以后,这束灯光一直陪伴着我,成了我心中一盏永远不灭的灯。

词语 New words

1. 灭　　　　　miè　　　　　　　　（动）　　to go out (for a light)
2. 发生　　　　fāshēng　　　　　　（动）　　to happen
3. 交通　　　　jiāotōng　　　　　　（名）　　traffic
4. 事故　　　　shìgù　　　　　　　（名）　　accident
5. 骨折　　　　gǔzhé　　　　　　　（动）　　(arms, legs) to be fractured
6. 天花板　　　tiānhuābǎn　　　　　（名）　　ceiling
7. 默默　　　　mòmò　　　　　　　（副）　　silently
8. 枕头　　　　zhěntou　　　　　　（名）　　pillow
9. 怒气冲冲　　nùqì chōngchōng　　　　　　very angry
10. 扔　　　　　rēng　　　　　　　（动）　　to throw
11. 地板　　　　dìbǎn　　　　　　　（名）　　floor board
12. 弯　　　　　wān　　　　　　　　（动）　　to bend
13. 腰　　　　　yāo　　　　　　　　（名）　　waist
14. 拾　　　　　shí　　　　　　　　（动）　　to pick up
15. 滴　　　　　dī　　　　　　　　（名、量）　drop; *a measure word*

16. 黑漆漆	hēiqīqī	（形）	very dark
17. 扇	shān	（名）	fan
18. 残废	cánfèi	（动）	disabled; to be crippled
19. 发表	fābiǎo	（动）	to publish
20. 坚强	jiānqiáng	（形）	strong; firm
21. 竟然	jìngrán	（副）	unexpectedly
22. 万分	wànfēn	（副）	extremely; very much
23. 悲痛	bēitòng	（形）	grieved
24. 勇气	yǒngqì	（名）	courage
25. 拄	zhǔ	（动）	to lean on (a stick)
26. 拐	guǎi	（名）	stick
27. 呆	dāi	（动）	to be dumbstruck
28. 租	zū	（动）	to rent
29. 鼓	gǔ	（动）	to rouse; to pluck up
30. 陪伴	péibàn	（动）	to keep sb.company
31. 盏	zhǎn	（量）	*a measure word*

语法 Grammar

一、用"比"表示比较的句子

The sentence in which "比" is used to express comparison

1. 用介词"比"表示比较，常用于形容词谓语句中。形容词前还可用副词"更"或"还"等表示程度，但一定不能用"很"、"非常"、"太"等。例如：

The preposition "比" is often used in sentences with adjectives as their predicates and the adverb "更" or "还" can also be used in front of the predicative adjective to express the degree of comparison, while "很"、"非常"、"太" can not. For example:

（1）这本书比那本书新。
（2）你们班的学生很多，我们班的学生比你们班还多。
（3）你很聪明，他比你更聪明。

2. 用"比"表示比较也可用于动词谓语句中。如果动词带状态补语，"比"

第16课 不灭的灯光

可置于动词前或补语主要成分前。如果动词又有宾语,"比"可放在重复的动词前或补语主要成分前。例如:

The preposition "比" can also be used in some sentences with verbs as their predicates. If the verb takes a complement of state, "比……"is put either before the verb or before the main element of the complement. If the verb takes both a complement of state and an object, "比……"is put either before the repeated verb or the main element of the complement. For example:

(1) 朋友比我熟悉这里的情况。
(2) 他念得比我好。(他比我念得好。)
(3) 安娜讲故事讲得比你好。
(4) 我唱歌比姐姐唱得好。

3. 在用"比"的句子中,如果要表示差别的程度时,可用"一点儿"、"一些"或"多"表示粗略的差别程度。如果表示具体的差别,要用数量补语。例如:

In a sentence with "比", if we want to tell a rough difference, we can use "一点儿"、"一些" or "多". If we want to point out what the exact difference is, we can use a complement of quantity. For example:

(1) 你比我高一点儿。
(2) 香蕉比苹果贵得多。
(3) 姐姐比他大六岁。
(4) 我们班的学生比他们班多十个。

如果动词带有状态补语,"一点儿"、"一些"、"多"要置于状态补语后。例如:

If the predicative verb takes a complement of state, "一点儿"、"一些"、"多" should be put after the complement. For example:

(1) 他到得比我早一些。
(2) 安娜跑得比我快得多。

二、数量补语(2)

The complement of quantity (2)

1. 数量补语可以说明一个动作或一种情况所持续的时间。如果动词后带有宾语,一般要重复动词,数量补语置于重复的动词之后。副词或能愿动词要放在重复的动词前。例如:

The complement of quantity is used to tell how long an action or a state of things lasts. If the verb takes an object after it, it should be repeated, and then comes the complement of time. The adverb or optative verb, if there is any, should be put in front of the repeated verb. For example:

(1) 雨下了两个小时了。
(2) 他病了三天，没有到校上课。
(3) 我们等他等了一刻钟。
(4) 他学汉语只学过一年。
(5) 学生们考汉语要考三个小时。

如果宾语是表示一般事物或抽象事物的名词时，可以位于数量补语后，宾语与数量补语之间可加"的"。例如：

If the object of the verb is a noun which indicates ordinary or abstract things, it can be put after the complement and between the object and the complement can put "的". For example:

(1) 来中国前，我只学了三个月（的）汉语。
(2) 每天晚上我看一个半小时（的）电视。

2. 数量补语还可表示从动作发生到某时（或说话时）的一段时间，这类动词大都不能持续，如"到"、"来"、"离开"、"毕（业）"等。如果动词带宾语，数量补语置于宾语之后。例如：

The complement of quantity also indicates a period of time from the beginning of an action until a certain later time (or the time of speaking). Most of the actions are ones which are already completed and usually shown by such verbs as "到"、"来"、"离开"、"毕（业）" etc. If the verb takes an object, the complement of quantity is put after the object. For example:

(1) 我来中国一个月了。
(2) 我们大学毕业已经两年了。
(3) 他已经走了半个小时了。

三、数量补语（3）

The complement of quantity (3)

在用"比"的比较句中，如果要指出两件事物的具体差异时，就可以用数量补语。例如：

In a sentence of comparison with "比", if we want to point out what the exact difference between two things is, we can use a complement of quantity. For example:

第16课　不灭的灯光

(1) 妹妹比我小两岁。
(2) 从学校到机场比到火车站远十五公里。
(3) 你来得比我早半个小时。
(4) 今年的留学生比去年多了两倍。

练习 Exercises

一、根据课文回答问题：

Answer the questions according to the text:

(1) 十六岁时，"我"碰到了什么事？"我"的心情怎么样？
(2) "我"姐姐多大了？在哪儿工作？
(3) 一天夜里，姐姐给"我"讲了什么事？"我"有什么变化？
(4) 后来姐姐发生了什么不幸的事？
(5) 第二天晚上，"我"突然想去做什么？
(6) 老太太告诉了"我"什么？"我"明白了什么？

二、把括号中的词语填入合适的位置：

Put the words given in the brackets in proper place:

(1) 他在北京 A 已经 B 住了 C 多 D 了。（五年）
(2) 我教 A 汉语 B 教 C 三年 D。（过）
(3) A 这种菜 B 比那种 C 贵 D。（一点儿）
(4) 你说今天 A 很热，B 我觉得昨天 C 比今天 D 热。（还）
(5) 我 A 弟弟 B 比我 C 小 D。（三岁）
(6) 尽管文章 A 很短，B 内容 C 比较难 D。（但是）
(7) 我们学 A 汉语 B 已经 C 学 D 半年了。（了）
(8) A 他没怎么 B 复习，C 考得比我 D 好。（竟然）
(9) 他 A 看书 B 我 C 看 D 得快。（比）
(10) A 姐姐 B 今天洗了 C 衣服 D。（两个小时）

三、按照例句改写下列句子：

Rewrite the following sentences in the manner of the example given:

例 Example:

大学毕业以后，他教英语教了五年了。

——大学毕业以后，他教了五年（的）英语了。

(1) 那孩子玩儿电脑玩儿了两个钟头。

(2) 学生们打篮球打了三刻钟。

(3) 他读课文读了二十分钟。

(4) 上星期他们放假放了两天。

(5) 他骑自行车骑了三个小时。

四、回答下列问题：

Answer the questions:

(1) 你中学毕业几年了？

(2) 你朋友回国多长时间了？

(3) 你来中国多长时间了？

(4) 你们上课上了多长时间了？

(5) 听说他去北京了，他去了多久了？

五、根据所给内容写出句子：

Write sentences based on the information given:

例 Example:

你们班有十五个学生，我们班只有十个。

——你们班的学生比我们班多。

——你们班的学生比我们班多五个。

(1) 安娜十八岁，我十九岁。

(2) 这座楼有六层，那座楼只有四层。

(3) 我有四支笔，他有三支笔。

(4) 这个教室有十六把椅子，那个教室有二十把。

(5) 我家有四口人，你家有六口人。

第16课　不灭的灯光

六、用"比"和所给词语回答问题：
Answer the questions with "比", using the words given:

例 Example:

你和卡里谁起床起得早？

（卡里　　早　　一些）

——卡里起床起得比我早一些。

——卡里起床比我起得早一些。

(1) 你们谁骑自行车骑得快，你还是尼克？

（尼克　　快　　一点儿）

(2) 你和他谁唱歌儿唱得好？

（他　　好　　多）

(3) 你们谁读课文读得更流利？你还是你朋友？

（我朋友　　流利　　一些）

(4) 他们谁游泳游得快？卡里还是尼克？

（卡里　　快　　多）

(5) 他们两个人谁睡觉睡得晚一些？他还是他朋友？

（他朋友　　晚　　半个小时）

七、解释下面各句中"人家"的意思：
Explain the different meanings of "人家" in the following sentences:

(1) 听说这个小村子只有几十户人家。

(2) 人家都考得不错，只有我不及格。

(3) 这个录音机是小王借给我的，我得马上还给人家。

(4) 人家外国人跟咱们的生活习惯当然不一样。

(5) 他约会的时候迟到了，女朋友生气地说："人家都等了你半天了，你怎么才来！"

八、用括号中所给词语完成句子：
Complete the sentences with the words given in the brackets:

(1) 他的腿受了伤，但 _____。（严重）

(2) 刚才天气还那么好，怎么 _____？（一下子）

(3) 在讨论会上，大家都发了言，他却 _____，一句话也没有说。（默默）

(4) 已经上课了，他 _____，坐到了座位上。（轻轻）

(5) 来中国以前，他只学过两个月汉语，_____。（吃力）

(6) 住院的病人都很喜欢那位护士，因为 _____。（亲切）

九、选择合适的词语填空：

Fill in the blanks, choosing a proper word:

扔　敲　搬　扶　租　拉　关　治　抢救　陪伴

(1) 去年我朋友 _____ 到别的地方去住了。

(2) 这双鞋不能穿了，把它 _____ 了吧。

(3) 看，那位老人要上车，请 _____ 他一下。

(4) 他一进门就 _____ 开了灯。

(5) 出去的时候，请把门 _____ 上。

(6) 孩子们工作都很忙，平时只有一只小狗 _____ 着王大妈。

(7) 他的病很危险，医生正在 _____ 他。

(8) 他没有钱买房子，只好 _____ 房子住。

(9) 这种药 _____ 感冒的效果不错。

(10) 听，有人 _____ 门，快去开门吧。

十、判断下列句子的正误：

Judge which sentence in right and which is wrong:

(1) 这本杂志比那本很有意思。（　　）

(2) 那些句子难懂，这些比那些还难懂。（　　）

(3) 今天比昨天不冷。（　　）

(4) 我在中国两年学汉语了。（　　）

(5) 商店比银行一点儿远。（　　）

(6) 弟弟比我更喜欢打网球。（　　）

第16课　不灭的灯光

阅读与思考
Reading and thinking

理不完的纱线

妈妈在农村干了一辈子农活，现在年纪大了，儿子总想把她接到城里来安度晚年。他给妈妈写了几封信，妈妈请人写了回信，说她已经习惯了农村的生活，不想搬到城里住。

国庆节单位放了三天假。这次儿子没有写信跟妈妈商量，而是买了车票回家接妈妈。妈妈推托不了，只好随儿子来到城里。

白天，儿子、儿媳妇都去上班了。妈妈一个人待在家里，没有什么事儿做，她觉得时间过得好慢啊。她看着窗外的树和天上的云，不由得想起了家乡的土地，似乎闻到了泥土的香味儿。妈妈睡觉睡得少了，饭也不想吃了。她想回家！

一天，妈妈终于忍不住了，把心里话全对儿子说了出来。儿子听后，感到很为难。他躺在床上想了半夜，终于想出了一个办法。下班回来时，儿子带回来一大团乱纱线。他告诉妈妈，工人们白天工作太忙，没有时间整理这些纱线，以后这件工作就交给妈妈了。

工厂里似乎有理不完的纱线。妈妈有了工作，脸上出现了笑容，日子也过得快多了。忽然，有一天妈妈发现她手中的纱线团似曾相识。她瞪着手中的纱线，似乎明白了一点儿什么。儿子回来，妈妈什么也没说，只把理好的纱线默默地给了儿子。这一天，妈妈心中七上八下，好容易等到了晚上。儿子什么也没发觉，又把一大团乱纱线放到妈妈面前。那鲜红的墨水做好的记号，她一眼就发现了，心中的疑团也一下子全解开了。

妈妈的眼睛湿润了，心中不由得叫道："我的儿子啊！"

思考题：
Answer the questions

(1) 国庆节时儿子为什么没有跟妈妈商量就回去接她？

(2) 妈妈到了儿子家以后，生活过得愉快吗？为什么？

(3) 后来，儿子给妈妈找了一个什么工作？妈妈的心情有什么变化？

(4) 最后妈妈发现了什么情况？她好像明白了什么？

(5) 当妈妈全明白时，她有什么感受？

词语 New words

1. 理	lǐ	(动)	to put in order
2. 纱线	shāxiàn	(名)	yarn
3. 推托	tuītuō	(动)	to offer as an excuse (for not doing sth.)
4. 为难	wéinán	(形)	to feel embarrassed
5. 似曾相识	sì céng xiāngshí		to seem to have met before
6. 鲜红	xiānhóng	(形)	bright red
7. 记号	jìhao	(名)	mark
8. 疑团	yítuán	(名)	doubts and suspicions
9. 湿润	shīrùn	(形)	be moist with tears

第17课

XIANGGANG MINGCHENG DE YOULAI

香港名称的由来

香港名称的由来

关于香港这个名称是怎么来的,社会上有几种说法。

以前在这个岛的东南部有一条小溪流入大海,这个岛上的居民和来往的船只经常在这条河里取水饮用。由于小河里的水质很好,看起来很清,喝起来十分香甜,在那一带远近闻名,因此,被人们称为"香江"。香江入海的那个港口就称为"香港"。

另外一种说法是和广东发达的莞香业有很大关系。莞香是一种香木,这种香木原来只是在越南种植,唐代以前在中国的广东地区种植起来。由于广东东莞县的土质非常适合这种香木树的生长,因此,到了宋代,东莞县家家户户就种植起这种香木来了。当地的农民几乎家家都要种植一千多棵莞香树,对他们来说,这就是生活的主要来源。在很长一段时间里,东莞地区的香木都是先装到小船上,然后运到一个港湾集中起来,最后再装上大船,运往各地。香港的沙石一带也跟东莞地区一样,盛产莞香。那里的香木被收集起来以后,转装到大船上。那些大船就停在一个港湾里。因为这个港湾是香木的转运港,就被人们称为"香港"。

清代末年,虽然莞香的生产已经不如过去发达了,但是"香港"这个地名却保留了下来。最初,"香港"仅仅是香港岛上一个小村庄的名字,后来逐渐成了全岛的名称。

还有一种说法跟古代的一个女侠有关。女侠的名字叫"香姑",据说她的武艺十分高强,从来没有被人打败过。女侠到了这个岛以后,就在这里定居了下来。从此,这个岛就被叫做"香姑岛"、"香岛"。后来,这个岛的名字又被人们改成了"香港"。

第17课　香港名称的由来

词语 New words

1. 由来	yóulái	（名）	origin
2. 关于	guānyú	（介）	about
3. 岛	dǎo	（名）	island
4. 溪	xī	（名）	small stream
5. 居民	jūmín	（名）	inhabitant
6. 来往	láiwǎng	（动）	to go and come
7. 船只	chuánzhī	（名）	shipping
8. 饮用	yǐnyòng	（动）	to drink
9. 水质	shuǐzhì	（名）	water quality
10. 香甜	xiāngtián	（形）	fragrant and sweet
11. 闻名	wénmíng	（形）	to be well known; famous
12. 港口	gǎngkǒu	（名）	port; harbour
13. 发达	fādá	（形）	developed
14. 业	yè	（名）	business
15. 种植	zhòngzhí	（动）	to plant; to grow
16. 适合	shìhé	（动）	to suit
17. 棵	kē	（量）	*a measure word*
18. 来源	láiyuán	（名）	source; origin
19. 装	zhuāng	（动）	to load; to pack
20. 运	yùn	（动）	to carry
21. 港湾	gǎngwān	（名）	harbour
22. 集中	jízhōng	（动）	to put together
23. 盛产	shèngchǎn	（动）	to be rich in sth.
24. 收集	shōují	（动）	to collect
25. 转	zhuǎn	（动）	to turn; to change
26. 末年	mònián	（名）	last years of a dynasty
27. 保留	bǎoliú	（动）	to keep
28. 村庄	cūnzhuāng	（名）	village
29. 侠	xiá	（名）	a person adept in martial arts and given to chivalrous conduct (in olden times)

30. 武艺	wǔyì	（名）	martial arts
31. 高强	gāoqiáng	（形）	excel in
32. 从来	cónglái	（副）	from the past till the present
33. 打败	dǎbài	（动）	to defeat; to beat
34. 定居	dìngjū	（动）	to settle down

专 名 Proper names

1. 香港	Xiānggǎng	Hong Kong
2. 广东	Guǎngdōng	Guang dong Province
3. 越南	Yuēnán	Viet Nam
4. 东莞	Dōngguǎn	name of a place
5. 宋代	Sòngdài	the Song Dynasty
6. 沙石	Shāshí	name of a place
7. 香姑	Xiānggū	name of a person

语 法 Grammar

一、"被"字句

"被" sentence

1. 汉语中有一种用介词"被"、"让"、"叫"表示被动的句子，叫"被"字句。"被"字句的谓语动词后一般都带有其他成分，说明动作的结果、程度、时间等。"被"多用于书面，"让"、"叫"常用在口语中。例如：

In Chinese, there are sentences in the passive voice with the preposition "被"、"让" or "叫" and such a sentence is called "被" sentence. The predicative verb of a "被" sentence is usually followed by some other elements, which tell the result, degree or extent or time of an action. "被" is mostly used in written language while "让" and "叫" are usually used in colloquial speech. For example:

(1) 大量的莞香被居民们运到了广州各地。

(2) "香姑岛"被人们改成了"香港"。

第17课 香港名称的由来

（3）我的自行车让同学骑走了。
（4）那孩子手上的气球让风吹跑了。
（5）钥匙叫我忘在房间里了。

2. 如果施事者没有必要或不能说出，可以用泛指的"人"代替施事者。例如：

If it is impossible or unnecessary to tell who the agent is, we use an indefinite"人"instead. For example:

（1）我的词典被人借去了。
（2）那个孩子让人打伤了。
（3）那些电影票叫人拿走了。

3. "被"字后边可以不带施事者，直接和动词相连。但"让"、"叫"不可以这样用。例如：

Sometimes"被"is followed immediately by the predicative verb without any agent, while"让"or"叫"can't be used in this way. For example:

（1）对不起，我的车被骑走了，你借别人的吧。
（2）香木被集中到一个地方了。
（3）他被选为我们班的班长。

4. 否定副词和能愿动词都要置于"被"字之前。例如：

The negative adverb or optative verb should be put before"被". For example:

（1）那本新画报还没被人借走。
（2）我的衣服没让雨淋湿。
（3）这些酒不能都叫他一个人喝光。

二、动词"不如"表示比较

"不如"shows comparison

1. "A 不如 B"的意思是"A 没有 B 好"。例如：

"A 不如 B" means "A 没有 B 好". For example:

（1）这个学校不如那个学校。
（2）我的学习成绩不如你的学习成绩。

2. 可用形容词或动词结构指出在哪方面不如。例如：

An adjective or a verbal construction can also be used in combination with"不如"to point out in what respect A can't match B. For example:

(1) 他写的字不如你写的漂亮。

(2) 他唱歌不如安娜唱得好。

(3) 你不如我朋友会讲故事。

3. 副词"还"也可用于"A 不如 B"的形式中，表示 B 已经不令人满意，而 A 连 B 的水平都达不到。例如：

The adverb "还" can also be used in "A 不如 B" to form "A 还不如 B", which means that B is not quite satisfactory or up to standard while A isn't even up to B. For example:

(1) 他的水平不太好，我的水平还不如他。

(2) 那件衣服的颜色不太好看，这件还不如那件呢。

(3) 老师说他说汉语说得不很好，可是我说得还不如他呢。

三、复合趋向补语"起来"的引申用法

The extended usages of the compound directional complements "起来"

1. "起来"表示一个动作或一种状态的开始并且延续。如果动作带有宾语，宾语应放于"起"和"来"之间。例如：

"起来" is used to indicate the beginning of an action or a state of affairs. If the verb takes an object, the object must be put between "起" and "来". For example:

(1) 他刚出门，雨就下起来了。

(2) 春天到了，天气暖和起来了。

(3) 听到那个消息，大家高兴得鼓起掌来。

(4) 他一看起书来，就忘了休息。

2. "起来"用于某些动词后，表示该动作由分散到集中。例如：

"起来" is used after certain verbs to show the function of putting scattered objects together. For example:

(1) 各种课外活动小组都组织起来了。

(2) 这两本书加起来一共是多少钱？

(3) 人们把香木收集起来，然后装到一只大船上。

3. "起来"用于主谓语之间或句首，表示说话人对某事进行估计或从某方面进行判断和评价。例如：

"起来" is inserted between the subject and the predicate or at the beginning of the sentence to express the judgement or estimation of sth. by the speaker considering. For example:

第17课　香港名称的由来

（1）那条河里的水喝起来很甜。
（2）这个问题听起来简单，办起来很麻烦。
（3）这种菜吃起来有点儿辣。
（4）看起来，今天没有时间去公园了。

练习 Exercises

一、根据课文回答问题：
Answer the questions according to the text:
（1）关于香港名称的由来，课文中讲了几种说法？
（2）课文中第一种说法和什么有关系？
（3）课文中的第二种说法和什么事情有关系？为什么说香港当时是香木的转运港？"香港"当初是全岛的名称吗？
（4）第三种说法和什么有关系？

二、选择合适的词语填空：
Fill in the blanks, choosing a proper word:
（1）夏天就要到了，天气逐渐热 _____ 了。
　　　a. 下去　　　b. 下来　　　c. 起来　　　d. 过来

（2）他已经在国外住了三年了，听说还要住 _____ 。
　　　a. 下来　　　b. 下去　　　c. 回来　　　d. 起来

（3）我得把老师讲的内容记 _____ ，晚上好再看一遍。
　　　a. 起来　　　b. 下去　　　c. 回去　　　d. 下来

（4）他不会做中国菜，他觉得中国菜做 _____ 比较麻烦。
　　　a. 下来　　　b. 下去　　　c. 上来　　　d. 起来

（5）孩子们都放学回家了，校园里安静 _____ 了。
　　　a. 起来　　　b. 下来　　　c. 过来　　　d. 回来

（6）老师让班长先把大家的意见集中 _____ ，然后告诉他。
　　　a. 下来　　　b. 出来　　　c. 起来　　　d. 过来

（7）牛奶 _____ 孩子们喝光了。
　　　a. 使　　　　b. 把　　　　c. 被　　　　d. 受

(8) 风太大，帽子_____吹掉了。
  a. 叫   b. 让   c. 使   d. 被

(9) 医生_____他的病完全治好了。
  a. 被   b. 把   c. 叫   d. 让

(10) 他的故事_____大家很感动。
  a. 把   b. 被   c. 使   d. 对

(11) 那个城市的商业十分_____，跟许多国家和地区都有贸易来往。
  a. 发展   b. 发达   c. 发表   d. 发现

(12) 她的发音非常好，我_____她。
  a. 不比   b. 没有   c. 不如   d. 不一样

(13) 那个国家是热带气候，_____不下雪。
  a. 从前   b. 从此   c. 从来   d. 以来

(14) 我和他是在飞机上认识的，_____我们成了好朋友。
  a. 从来   b. 以来   c. 从此   d. 自从

(15) 原来的客厅被他_____了书房。
  a. 改   b. 改变   c. 改成   d. 变化

三、把下列句子改为"被"字句：

Change the sentences to sentences in passive voice:

(1) 他把画挂在墙上了。
(2) 安娜借去了我的录音机。
(3) 医生救活了那个病人。
(4) 风把桌子上的报纸刮掉了。
(5) 他喝光了那一瓶酒。
(6) 人们把考研究生的学生称为"考研族"。
(7) 那块尖利的石头把弟弟的脚划破了。
(8) 学生们把那些新桌椅搬进教室里去了。

四、把下列句子改为主动句：

Change the sentences to sentences in active voice:

(1) 小李被医生救活了。
(2) 房间的钥匙让他丢了。

第17课　香港名称的由来

(3) 他让老师批评了一顿。
(4) 我的书和本子都叫弟弟弄脏了。
(5) 那一堆旧杂志叫哥哥扔掉了。
(6) 他儿子被学校派出国留学了。

五、完成下列被动句并划去可以省略的施事者：
Complete the following passive sentences and cross out the agents that can be omitted:

(1) 吃完早饭，孩子被妈妈送 ＿＿＿＿＿＿＿＿。
(2) 教室里的灯叫老师关 ＿＿＿＿＿＿＿＿＿＿。
(3) 他的病被一位老中医治 ＿＿＿＿＿＿＿＿。
(4) 签证让我放 ＿＿＿＿＿＿＿＿＿＿＿＿＿。
(5) 柜子里的衣服叫她弄 ＿＿＿＿＿＿＿＿＿。
(6) 她的字典被朋友借 ＿＿＿＿＿＿＿＿＿＿。
(7) 那张表被我填 ＿＿＿＿＿＿＿＿＿＿＿＿。
(8) 听说他的腿让汽车撞 ＿＿＿＿＿＿＿＿＿。

六、用"动词＋起来"或"形容词＋起来"填空：
Fill in the blanks with "verb＋起来" or "adj.＋起来":

(1) 在家休养了一个多月，他的身体 ＿＿＿＿＿＿ 了。
(2) 他借到了一本好书，一回到房间，就 ＿＿＿＿＿＿ 了。
(3) 现在我们开始考试，请大家把桌子上的书、本子和词典 ＿＿＿＿。
(4) 我很喜欢交朋友，现在我的中国朋友慢慢 ＿＿＿＿＿＿ 了。
(5) 听到那个不幸的消息，他难过得 ＿＿＿＿＿＿ 了。
(6) 十月以后，这儿的天气就会 ＿＿＿＿＿＿。
(7) 这双鞋 ＿＿＿＿＿ 很漂亮，但 ＿＿＿＿＿ 不太舒服。
(8) 出国手续 ＿＿＿＿＿ 比较麻烦。
(9) ＿＿＿＿＿＿，你的办法不错。
(10) 大卫觉得汉字 ＿＿＿＿＿ 很难。

七、用"不如"完成句子：
Complete the sentences, using "不如":

(1) 坐公共汽车太慢了，＿＿＿＿＿＿＿＿＿＿。
(2) 这个大学也很有名，但是 ＿＿＿＿＿＿＿＿。

(3) 今天去太晚了，_____。

(4) 这门课我只考了80分，他才考了70分，_____。

(5) 他画得还可以，但是_____。

八、用"关于"完成句子：

Complete the sentences, using "关于"：

(1) _____，我们下一次再讨论。

(2) _____，我什么也不知道。

(3) _____，中国民间有许多传说。

(4) 昨天我看了一个_____，电影的内容很有意思。

(5) _____，我现在还在犹豫。

九、选择"从来"或"从此"填空：

Fill in the blanks, choosing "从来" or "从此"：

(1) 五年前我跟他见过一面，_____ 我再也没见过他。

(2) 广州的冬天很暖和，_____ 不下雪。

(3) 你怎么这么马虎？我还 _____ 没见过像你这么马虎的人！

(4) 去年他生了一场大病，_____，他的身体一天不如一天。

(5) 爸爸工作了三十年了，他对工作 _____ 都非常认真。

十、选词填空：

Fill in the blanks, choosing a proper word:

> 盛产　饮用　装　保留　称　停　运　转　适合　传

(1) 你的性格很 _____ 当老师。

(2) 货物已经全部 _____ 上船了，准备出发吧。

(3) 你出差的时候，我把寄给你的信 _____ 交给你的父母了。

(4) 从隔壁房间里 _____ 出了歌声和笑声，原来是有人过生日。

(5) 他在这个城市住了十年，所以这个地方被他 _____ 为"第二故乡"。

(6) 瞧，港湾里 _____ 着这么多轮船！

(7) 这里生产的水果被 _____ 往全国各地。

(8) 这是我小时候的照片，我一直 _____ 到今天。

(9) 这条河里的水受到严重污染，已经不能 _____。

(10) 山东 _____ 苹果，这里生产的苹果又大又甜。

第17课　香港名称的由来

阅读与思考 Reading and thinking

香港概况

香港位于中国的南海之滨、珠江口的东侧，深圳河的南边。它的北部和广东省的深圳市相连。香港地区包括香港岛、九龙、新界本土和新界离岛四大部分。香港地区原来是中国大陆的延伸部分，大约一万年以前，还是连接在一起的陆地。后来，由于山体的下降和海水的浸入，才形成现在香港的地理状况。

香港岛包括附近的小岛在内，面积约八十多平方公里，是香港地区的第二大岛。其中市区面积占全岛的五分之一，人口约有一百三十多万。由于这里是全香港最早开发的地区，香港岛已成为全香港地区的行政、商业中心。

香港拥有曲折绵长的海岸线，形成了众多的海湾。不少海湾风景优美，海滩长，而且沙子细，已经开发成海水浴场。

为了解决历史遗留下来的问题，1982年，中国领导人邓小平在会见英国首相时，指出可以用"一国两制"的方法解决香港问题。1984年12月19日，《人民日报》发表社论祝贺《中英关于香港问题的联合声明》正式发表。中国从1997年7月1日恢复对香港行使主权，香港特别行政区也自1997年7月1日起设立。一国两制为中国的统一找到了最好的出路。

思考题：
Answer the questions
(1) 香港的地理位置在哪儿？
(2) 香港地区包括哪几部分？
(3) 香港岛有多大？香港岛的发展情况怎样？
(4) 为了解决历史遗留问题，中国政府提出使用什么办法？

词语 New words

1. 滨	bīn	（名）	seashore
2. 延伸	yánshēn	（动）	to stretch; to extend
3. 浸入	jìnrù	（动）	to soak in
4. 开发	kāifā	（动）	to develop; to open up

5. 拥有	yōngyǒu	（动）	to possess
6. 曲折	qūzhé	（形）	winding; tortuous
7. 绵长	miáncháng	（形）	continuous
8. 海岸线	hǎi'ànxiàn	（名）	coastline
9. 海滩	hǎitān	（名）	seabeach
10. 浴场	yùchǎng	（名）	outdoor bathing place
11. 遗留	yíliú	（动）	to leave over
12. 社论	shèlùn	（名）	editorial; leading article
13. 正式	zhèngshì	（形）	formal; official
14. 恢复	huīfù	（动）	to resume; to renew
15. 行使	xíngshǐ	（动）	to exercise
16. 主权	zhǔquán	（名）	sovereignty
17. 统一	tǒngyī	（动）	to unite
18. 出路	chūlù	（名）	way out; outlet

专名 Proper names

1. 珠江	Zhū Jiāng	the Zhujiang River
2. 深圳河	Shēnzhèn Hé	the Shenzhen River
3. 香港岛	Xiānggǎng dǎo	the HongKong Island
4. 九龙	Jiǔlóng	name of a place
5. 新界本土	Xīnjiè běntǔ	name of a place
6. 新界离岛	Xīnjiè lídǎo	name of a place
7. 邓小平	Dèng Xiǎopíng	name of a person
8. 《人民日报》	Rénmín Rìbào	"People's Daily"

第18课

SUO

锁

锁

他迈着沉重的脚步,回到了离别三年的家乡。

三年前,他参加了一个盗窃团伙,因为犯了盗窃罪,被判刑三年。在劳改农场,因为表现突出,被提前一年释放。为了躲开那一双双熟悉的眼睛,释放后,通过别人的介绍,他来到南方的一家木器厂做了临时工。身在他乡,他非常想念故乡的山水,挂念家中年老的父母和年幼的弟妹,强烈的思乡情使他最终踏上了回乡的旅途。

家乡的变化非常大,一切都使他感到亲切而新鲜。他暗暗下决心:一定要重新做人。

一天,邻居王大嫂不小心把钥匙锁在了家里,很多热心人都来帮忙,但是他们一次次的努力都没有成功。人们找到了他,却被他拒绝了。王大嫂哀求地说:"冬保,求求你了,帮我想想办法吧,要是我孩子他爸回来,非跟我吵架不可……"他知道,她丈夫很粗野,经常打她。他心软了,答应试一试。他找来了工具,很快就把锁打开了。王大嫂非常感激,非要把沙发上的那盒高级香烟送给他不可。邻居们都吃惊地看着他,没有一个人不夸他有本事。

第二天,他发现有好几户邻居的门上锁了两把锁,有的还安装了防盗门。路过王大嫂的家门口儿时,听见她丈夫正在教训妻子:

"以后小心点儿吧,那个小子,哼!世上的锁恐怕没有他打不开的。"

几天以后,他又离开了家乡,还是到那家木器厂做临时工去了。

(根据李述安的同名小说改编,《意林》,2004.1)

第18课　锁

词语 New words

1. 锁　　　　suǒ　　　　　（名、动）　　lock; to lock
2. 迈　　　　mài　　　　　（动）　　　　to step; to stride
3. 沉重　　　chénzhòng　　（形）　　　　heavy
4. 盗窃　　　dàoqiè　　　　（动）　　　　to steal
5. 团伙　　　tuánhuǒ　　　（名）　　　　group; organization
6. 犯罪　　　fànzuì　　　　（动）　　　　to commit a crime
7. 判刑　　　pànxíng　　　（动）　　　　to sentence
8. 劳改　　　láogǎi　　　　（动）　　　　to reform of criminals through labour
9. 农场　　　nóngchǎng　　（名）　　　　farm
10. 表现　　　biǎoxiàn　　　（动）　　　　to show
11. 突出　　　tūchū　　　　（形）　　　　outstanding
12. 提前　　　tíqián　　　　（动）　　　　ahead of time; in advance
13. 释放　　　shìfàng　　　（动）　　　　to release; to set free
14. 躲　　　　duǒ　　　　　（动）　　　　to evade; to avoid
15. 临时工　　línshígōng　　（名）　　　　temporary worker
16. 挂念　　　guàniàn　　　（动）　　　　to worry about; to miss
17. 强烈　　　qiángliè　　　（形）　　　　strong; intense
18. 踏　　　　tà　　　　　　（动）　　　　to step on; to tread
19. 旅途　　　lǚtú　　　　　（名）　　　　journey; trip
20. 重新　　　chóngxīn　　　（副）　　　　again
21. 拒绝　　　jùjué　　　　　（动）　　　　to refuse
22. 哀求　　　āiqiú　　　　　（动）　　　　to entreat
23. 吵架　　　chǎojià　　　　（动）　　　　to quarrel
24. 粗野　　　cūyě　　　　　（形）　　　　rough; crude
25. 心软　　　xīnruǎn　　　　（形）　　　　to be softhearted
26. 高级　　　gāojí　　　　　（形）　　　　high-grade
27. 吃惊　　　chī jīng　　　　　　　　　　to be shocked
28. 本事　　　běnshi　　　　（名）　　　　ability; capability

217

29. 安装	ānzhuāng	（动）	to install; to set up
30. 防盗门	fángdàomén	（名）	the door of guard against theft
31. 教训	jiàoxun	（动）	to teach sb. a lesson
32. 小子	xiǎozi	（名）	bloke; fellow
33. 恐怕	kǒngpà	（副）	to be afraid; perhaps

语法 Grammar

一、"把"字句（2）

"把" sentence (2)

如果在表达上不能用一般的动词谓语句，而必须用"把"字句，这种"把"字句就是强制性的。"把"字后的处置成分不能放回到动词之后作宾语。

The "把" sentence is obligatory when it cannot be replaced by an ordinary verbal predicate. In this case, the disposal element following "把" cannot be placed after the verb to act as the object.

1. 动词后有结果补语"在"、"到"等，后边还带表示处所的宾语，说明受处置的人或事物通过动作处于某地时，必须用"把"字句。例如：

The "把" sentence must be used when there is a complement of result following the verb such as "在"、"到" etc. and an object expressing location that the disposed thing or person reaches through the action. For example:

（1）她把衣服挂在衣柜里了。

（2）请把车开到学校门口。

2. 动词后有结果补语"给"，后边还带宾语，说明受处置的事物归属时，在某些情况下，也必须用"把"字句。例如：

The "把" sentence, in some cases, must be used when the verb is followed by the complement of result "给" and an object expressing whom the disposed thing belongs to. For example:

（1）她想把这件礼物送给妈妈。

（2）明天把作业交给老师。

第18课　锁

二、双重否定

The double negation

一个句子里有两个否定词时，意义上等于肯定，但语气加强了。

There may be two negations in one sentence. The double negative amounts to an affirmative in sense, yet the tone is much more emphatic.

要强调的成分可以放在两个否定词之间，或者是"没有……不……"，或者是"没有……没……"；两个否定词也可以连在一起，成为"没有不……的"。两次否定经常用来强调句子的主语，也可以强调句子的宾语或状语。强调宾语时，宾语一般放到句首。例如：

The element to be stressed may be placed between two negative words, either in the form of "没有……不……" or "没有……没……". The two negative words also may be put together and "没有不……的" is formed. The double negation is very often used to stress the subject of a sentence. The object or adverbial adjunct of a sentence may also be stressed. When the object of a sentence is stressed, it is generally placed at the beginning of a sentence. For example:

（1）没有一个人不知道他的名字。
（2）这些流行歌曲没有他不会唱的。
（3）没有一次晚会她没参加过。
（4）世上的母亲没有不爱她的孩子的。

三、"非（要）……不可"格式

The construction "非（要）……不可"

这个句型表示事情一定要这样，表示事理的必然；或表示强烈的愿望和决心；有时也表示很可能发生某事。

The construction "非（要）……不可" means "must do something in this way". It is used to show a kind of strong will, desire or one's resolution. Sometimes it means something is bound to happen.

1. "非"的后边多跟动词、动词词组。在口语中，"非"常跟能愿动词"要"、"得"等连用，后边的"不可"可以省去。例如：

"非" is often followed by verbs, verbal phrases. In spoken language, sometimes the optative verb "要"、"得" can be used after "非". "不可" may be omitted. For example:

（1）在中国生活，你非学好汉语不可。
（2）你穿得这么少，非感冒不可。
（3）你的病要想好得快，非打针不可。
（4）你们不让我去，我非要去。

(5) 这个问题我非得回答吗？

2. "非"的后边也可以是名词、代词。例如：

"非" can also be followed by nouns, pronouns. For example:

(1) 要想修好这台电视机，非老王不可。
(2) 这件事别人都做不好，非你不可。

练习 Exercises

一、根据课文回答问题：

Answer the questions according to the text:

(1) "他"曾经犯了什么罪？为什么被提前释放了？
(2) 释放以后"他"去哪儿了？
(3) "他"为什么又回到故乡？
(4) 邻居求他帮忙，开始"他"为什么拒绝了？
(5) "他"为什么又第二次离开故乡？

二、选择合适的词语填空：

Fill in the blanks, choosing a proper word:

(1) 我把自行车放 _____ 存车处了。
  a. 了   b. 去   c. 着   d. 在

(2) 这是小张的书，你看完了就把书还 _____ 他吧。
  a. 给   b. 回   c. 到   d. 了

(3) 这个字不对，你把"活"写 _____ "话"了。
  a. 错   b. 下   c. 成   d. 着

(4) 儿子一直把自行车骑 _____ 了家门口。
  a. 来   b. 到   c. 去   d. 上

(5) 他把衣服放 _____ 箱子里了。
  a. 起来   b. 进去   c. 在   d. 去

第18课 锁

(6) 在女朋友生日的那天,他要把这束鲜花____她。
    a. 送   b. 送给   c. 送了   d. 送送

(7) 那个孩子_____小狗咬了一口,疼得他哭起来了。
    a. 把   b. 受   c. 被   d. 使

(8) 这次考试他考得很好,没有一个问题他_____。
    a. 不会回答   b. 会回答   c. 能回答   d. 回答出来

(9) 真奇怪,他家的门上怎么锁了两____锁?
    a. 根   b. 把   c. 张   d. 条

(10) 出门的时候,你千万别忘了把门____。
    a. 锁   b. 锁上   c. 锁了锁   d. 锁锁

(11) 他在公司____一直不错,终于当上了经理。
    a. 表现   b. 表达   c. 表示   d. 表演

(12) 他还是个小孩子,父母不应当对他有太多的____。
    a. 求求   b. 请求   c. 要求   d. 哀求

(13) 天气这么糟糕,飞机____不能按时起飞了。
    a. 害怕   b. 可怕   c. 吃惊   d. 恐怕

(14) 你们两个人正在说什么____话呢?
    a. 暗暗   b. 偷偷   c. 微微   d. 悄悄

(15) 大家都夸那个姑娘聪明____美丽。
    a. 而   b. 及   c. 并   d. 既

三、仿照例句,用下面的词组成"把"字句:
Make "把" sentences with the given words after the following model:
(一) 例 Example:

书　　放
——我把书放在桌子上了。

(1) 帽子　　戴
(2) 邮票　　贴
(3) 手机　　放

(4) 大衣　　挂

(5) 酒　　洒

（二）例 Example:

照片　　寄

——她把照片寄给男朋友了。

(1) 电影票　　送

(2) 杯子　　递

(3) 篮球　　传

(4) 信　　交

(5) 房费　　付

四、用"没有……不……"或"没有……没……"改写句子：
Rewrite the sentences with "没有……不……" or "没有……没……":

(1) 小孩子都喜欢吃甜食。

(2) 他每天都来上课。

(3) 这些书都是她来中国以后买的。

(4) 人人都说他的英语说得好。

(5) 我们班的留学生都爬过泰山。

(6) 她的表演每次都很成功。

五、用"没有……不……"、"没有……没……"或"没有不……的"回答问题：
Answer the following questions with "没有……不……"、"没有……没……" or "没有不……的":

(1) 她每天晚上看电视吗？

(2) 你们知道孔子是谁吗？

(3) 大家都去过北京吧？

(4) 他每天早上跑步吗？

(5) 每个民族都有自己的风俗习惯吗？

(6) 各种水果你都爱吃吗？

第 18 课　锁

六、用"非……不可"改写句子：

Rewrite the sentences with "非……不可":

（1）那个孩子说长大以后一定当科学家。

（2）今天是你大喜的日子，这杯酒，你一定要喝。

（3）外边下着这么大的雨，你为什么一定要走呢？

（4）这场比赛我们一定要赢。

（5）你要是再迟到，老师一定会生气。

（6）他喝了那么多酒不能开车，否则一定会出事儿。

（7）要修好这辆自行车，只有小李才行。

（8）我看只有你能处理好这件事。

七、选择合适的解释：

Choose a proper explanation based on the underlined parts:

（1）因为感情不好，她下决心跟他分手。

　　　a. 很担心　　　　　b. 心理没有准备

　　　c. 做出决定　　　　d. 不希望

（2）我现在在麦当劳打工，当然这个工作只是临时的。

　　　a. 短时间内　　　　b. 按照小时付钱

　　　c. 长期　　　　　　d. 正式

（3）他平时不努力，没考上大学是意料中的事。

　　　a. 有意思　　　　　b. 没想到

　　　c. 突然　　　　　　d. 早已想到

（4）为了找到工作，好几所大学他都去过。

　　　a. 很好的　　　　　b. 所有的

　　　c. 一些　　　　　　d. 最好的

（5）她的服务态度很不像话。

　　　a. 没有礼貌　　　　b. 热情

　　　c. 不说话　　　　　d. 不错

八、根据括号里的词完成对话：

Complete the dialogues with words given in the brackets:

(1) A：他是因为什么被判刑的？

　　B：_____。（犯……罪）

(2) A：对不起，我又来晚了。

　　B：_____。（提前）

(3) A：那边发生了什么事情了？

　　B：_____。（吵架）

(4) A：他向她求婚，结果怎么样？

　　B：_____。（拒绝）

(5) A：她在公司工作得怎么样？

　　B：_____。（突出）

九、把下面的词语组织成句：

Make sentences with the words given below:

(1) 小猫　破　被　花瓶　打　很可能　是……的

(2) 把　忘　老师　了　钥匙　在……上　讲台

(3) 饺子　非……不可　春节　吃　为什么　……的时候　呢

(4) 很有名　没有……不……　齐白石　画　的　人　知道

(5) 夸　作文　老师　写　生动　他　得　而　流畅

十、在空格处填上合适的汉字：

Write a proper Chinese word in each blank place:

　　他因为表_____突出而被提前释_____。由于他很挂_____家中的亲人，也十分_____念故乡的山水，所以他又回到了_____乡。那里的一切使他感到亲_____而新_____，他下_____心重新做人。但是后来他发_____，那里的人们并不相_____他，他只好再一次离_____了家乡。

第18课　锁

阅读与思考 Reading and thinking

重　逢

　　一个星期天的早晨，一辆红色出租汽车停在了新娘家的楼门前。司机对新郎说："请抓紧时间，车停十分钟，按一公里计算价钱。"说完，他点上一支烟。这支烟还没抽完，一群说说笑笑的人们从楼里走了出来，新郎新娘也向轿车走来。司机不经意地看了一眼新娘，一刹那间，他呆住了——是她？两年前分开时……

　　车开出去不远，她突然从反光镜中认出了他。他也在镜里暗暗地看她，她的身体颤抖起来，努力逃避着他的眼光。身边的新郎问："你怎么了？"她笑了笑说："没什么。"她想：他认出自己了。他什么时候开上出租车的？他会不会制造点儿麻烦？比如半路上车坏了什么的……"新郎官儿，您在哪儿工作啊？"司机问。"保险公司。""新娘子挺不错嘛，您真有福气。""多谢夸奖。"

　　新郎家到了，新娘不等鞭炮响完，抢先冲进楼房。大家都愣了。一会儿，新娘手捧喜糖、喜烟来到出租车旁塞到司机手里。司机打开车门，也递给她一个红纸包。"你……？""噢，就算我的礼钱，一点小意思。命运真会拿人开玩笑，让你坐我的车结婚。能给我一支烟吗？"她颤抖着手给他点烟："是什么时候出来的？""因为表现好，出来快一年了。没办法，学点儿技术维持生活。干个体户也不错，挺自由的。咱们的孩子现在在哪儿？我真是没有一天不想他啊！""这几天在他姥姥家。""唉，快上楼吧，客人们都在等着呢。今天是你大喜的日子，别让人家怀疑。祝你幸福，真心的！"说完，他开动了车子。

　　她站在那儿没有动，眼睛一直望着那辆远去的红色出租车……

思考题：
Answer the questions

(1) 新娘是第一次结婚吗？
(2) 新娘和出租车司机过去是什么关系？
(3) 坐在出租车上，新娘担心什么？
(4) 差不多一年以前，出租车司机在什么地方？
(5) 出租车司机是个什么样的人？

词语 New words

1. 抓紧　　　zhuājǐn　　　（动）　　to grasp firmly
2. 颤抖　　　chàndǒu　　　（动）　　to shiver; to shake
3. 制造　　　zhìzào　　　（动）　　to make; to creat
4. 保险　　　bǎoxiǎn　　　（名）　　insurance
5. 福气　　　fúqi　　　（名）　　a happy lot; good fortune
6. 命运　　　mìngyùn　　　（名）　　fate; destiny
7. 维持　　　wéichí　　　（动）　　to keep; to maintain
8. 个体户　　gètǐhù　　　（名）　　individual household
9. 姥姥　　　lǎolao　　　（名）　　(maternal) grandmother
10. 怀疑　　　huáiyí　　　（动）　　to doubt; to suspect

单元练习六(第16—18课)

Exercises of Unit Six (Lesson Sixteen~Lesson Eighteen)

一、选择合适的词语填空(20%)

Fill in the blanks, choosing a proper word:

(1) 我们今天的口语课要讨论一下 _____ 男女平等的问题。
    a. 对于   b. 关于   c. 由于   d. 对

(2) 爸爸说,他要 _____ 干到六十岁才能退休。
    a. 从来   b. 往往   c. 总是   d. 一直

(3) 小王这次考试不及格的 _____ 原因是不努力。
    a. 主要   b. 必要   c. 需要   d. 只要

(4) 他吃了那么多药, _____ 一点儿效果也没有。
    a. 竟然   b. 忽然   c. 突然   d. 虽然

(5) 听说她出了车祸,他一下子呆 _____ 了。
    a. 停   b. 下   c. 住   d. 成

(6) 我们两个人的关系一直非常 _____ 。
    a. 亲切   b. 亲密   c. 友谊   d. 亲爱

(7) 就要分手了,他和女朋友 _____ 地坐在公园的椅子上,谁也不说话。
    a. 默默   b. 暗暗   c. 偷偷   d. 微微

(8) 这种中药喝 _____ 味道很苦。
    a. 起来   b. 下来   c. 过来   d. 上来

(9) 我这次HSK只考了6级,他才考了4级,还 _____ 我呢。
    a. 没有   b. 不比   c. 不一样   d. 不如

(10) 孩子的成长当然会 _____ 到家庭环境的影响。
    a. 被   b. 使   c. 受   d. 收

(11) 他们是在去年的圣诞节晚会上认识的, _____ 就成了好朋友。
    a. 从来   b. 从此   c. 从前   d. 以来

(12) 这一件古代的文物一直 _____ 保留到今天。
    a. 受   b. 让   c. 使   d. 被

(13) 一到周末的时候，商店里就热闹_____。
　　　a. 起来　　　b. 下来　　　c. 回来　　　d. 上来

(14) 他在公司一直_____不错，老板常常夸他。
　　　a. 表达　　　b. 表现　　　c. 表演　　　d. 表示

(15) 你打算把电话机安_____哪儿？
　　　a. 上　　　　b. 在　　　　c. 着　　　　d. 了

(16) 你_____知道就_____乱说！
　　　a. 没……不……　　　　b. 不……没……
　　　c. 不……不……　　　　d. 不……别……

(17) 你的发音有问题，你总是把"R"读_____"L"。
　　　a. 成　　　　b. 错　　　　c. 坏　　　　d. 到

(18) 我去银行的时候_____邮局，我帮你把那封信寄走吧。
　　　a. 通过　　　b. 路过　　　c. 穿过　　　d. 过去

(19) 暑假的时候，我去了南京_____上海。
　　　a. 而　　　　b. 及　　　　c. 并　　　　d. 也

(20) 中国的西_____地区越来越受到重视。
　　　a. 方　　　　b. 侧　　　　c. 部　　　　d. 边

二、选择合适的回答（5%）

Choose right answers:

(1) A：老李知道开会的时间吗？
　　B：小王已经告诉他了，_____。
　　a. 他不得不知道
　　b. 他不可以不知道
　　c. 他不会不知道
　　d. 他不要不知道

(2) A：这个学期留学生多不多？
　　B：_____。
　　a. 比上个学期很多
　　b. 比上个学期不多
　　c. 比上个学期多极了
　　d. 比上个学期多得多

单元练习六

（3）A：你们两个人的年龄一样大吗？

　　B：_____。

　　a. 我比他一点儿大

　　b. 我比他大一点儿

　　c. 我比他有点儿大

　　d. 我比他大有点儿

（4）A：他的病现在怎么样了？

　　B：_____。

　　a. 被那位老中医治好了

　　b. 把那位老中医治好了

　　c. 受那位老中医治好了

　　d. 使那位老中医治好了

（5）A：来中国以后，你爱人经常给你打电话吗？

　　B：是的，_____。

　　a. 没有一天打过电话

　　b. 一天也没有打过电话

　　c. 没有一天不打电话

　　d. 一天不如一天打电话

三、词语搭配（10%）

Collocation of words:

（1）给下面的动词写出宾语：

租_____　　发表_____　　扔_____

敲_____　　安装_____

（2）给下面的形容词加上中心词：

沉重的_____　　熟悉的_____　　新鲜的_____

不幸的_____　　黑漆漆的_____

四、填写合适的量词（10%）

Fill in the blanks, choosing a proper measure word:

滴　所　扇　束　带　种　盒　把　户　双

（1）他爷爷是一位中医大夫，在我们这一_____地区很有名。

(2) 一条香烟里面一共有十_____。

(3) 从照片上看，他的一_____眼睛一只大、一只小，真可笑。

(4) 我喜欢大熊猫，大熊猫是一_____非常可爱的动物。

(5) 风很大，你看，你家左边那一_____窗子被吹开了。

(6) 他家的门上锁着一_____大铁锁，看来他出门了。

(7) 我们这个城市有好几_____大学呢。

(8) 她打开了窗帘，一_____温暖的阳光照在她的脸上。

(9) 听说这座山上只住着几_____人家。

(10) 她写着写着信，不由得伤心起来，一_____眼泪掉在信纸上。

五、仿照例句，用下面的离合词造句（10%）

Make sentences after the following example:

例：见面

——我跟他常常见面。

——我跟他太太只见过一次面。

(1) 吵架

(2) 判刑

(3) 犯罪

(4) 帮忙

(5) 散步

六、改写句子（10%）

Rewrite the sentences, using the constructions in brackets:

(1) 我知道你很忙，可是现在我一定要和你谈谈。（非……不可）

(2) 中国经济的不断发展提高了人民的生活水平。（使……）

(3) 妈妈忘了孩子的生日。（连……也……）

(4) 他每天都想念他的女朋友。（没有……不……）

(5) 找了半天，也没有找到她的孩子。（被……）

七、改错（10%）

Correct mistakes in the following sentences:

(1) 老师放课本在桌子上了。

(2) 他们已经跳舞起来了，我们也去参加吧！

（3）这件事有关系我们每个人。

（4）那本小说被人没借走，还在书架上放着呢。

（5）他从一个体弱多病的小孩子长大了一个身体强壮的小伙子。

八、把括号中的词语填入合适的位置（10%）

Put the words in brackets in a proper place:

（1）听说 A 这本小说 B 被翻译 C 成英文 D 了。（已经）

（2）尽管他 A 在北京生活了 B 这么多年，C 他 D 喜欢说山东话。（还是）

（3）A 这些中文歌 B 玛丽 C 一首不会唱，而且唱得 D 很好。（没有）

（4）弟弟喜欢 A 邮票，他 B 把各国的邮票收集 C 以后，放 D 在一个漂亮的本子里。（起来）

（5）今天是谁 A 给你打扫了房间？你的 B 房间 C 从来没有 D 干净过。（这么）

（6）这两件衬衣 A 完全一样，可是这件 B 比那件 C 贵 D。（一倍）

（7）A 他身高 1 米 85，B 他儿子比他 C 高一点儿 D。（还）

（8）A 他 B 在监狱里 C 呆了 D，最近刚被释放。（三年）

（9）爸爸 A 要是 B 知道了 C 这件事 D 生气不可。（非）

（10）我 A 把手放 B 他头上 C 一摸就知道他 D 发烧了。（在）

九、用括号中所给词语完成对话（15%）

Complete the dialogues, using the words in brackets:

（1）A：您可以告诉我们关于您的年龄、工资、家庭情况吗？

B：对不起，_____（拒绝），_____（特别是）。

（2）A：他今天心情怎么样？

B：看起来，_____（似乎），_____（恐怕）。

（3）A：你知道他跟他的妻子是怎么认识的吗？

B：我知道，_____（通过），_____（竟然）。

（4）A：来中国以后，你想家吗？

B：是的，_____（当……的时候），_____（不由得）。

（5）A：咱们去看拳击（quánjī, boxing）比赛吧？

B：说实话，_____（从来），_____（不如）。

231

生 词 总 表

A

哀求	āiqiú	（动）	to entreat	18
安	ān	（动）	to fix	1
安排	ānpái	（名、动）	plan; to arrange	7
安全	ānquán	（形）	safe	5
安慰	ānwèi	（动）	to comfort	10
安装	ānzhuāng	（动）	to install; to set up	18
按照	ànzhào	（介）	according to	2
暗暗	àn'àn	（副）	secretly	3
熬	áo	（动）	to decoct	2

B

摆	bǎi	（动）	to place	5
拜年	bàinián	（动）	to wish sb. a Happy New Year	5
办公	bàngōng	（动）	to do office work	1
伴奏	bànzòu	（动）	to accompany (with musical instruments)	8
棒	bàng	（形）	good; strong	13
包	bāo	（动）	to wrap	6
包裹	bāoguǒ	（名）	parcel	1
包含	bāohán	（动）	to contain	9
包扎	bāozā	（动）	to wrap up; to bind up	10
饱	bǎo	（形）	to have eaten one's fill	6
保留	bǎoliú	（动）	to keep	17
报考	bàokǎo	（动）	to enter oneself for an examination	15
抱	bào	（动）	to hold or carry in the arms	6
悲痛	bēitòng	（形）	grieved	16
背影	bèiyǐng	（名）	a view of sb's back	10

生词总表

辈分	bèifen	（名）	position in the family hierarchy	5
本来	běnlái	（副）	originally	8
本事	běnshi	（名）	ability; capability	18
笨蛋	bèndàn	（名）	fool; idiot	13
绷带	bēngdài	（名）	bandage	10
比如	bǐrú	（动）	for example	9
笔画	bǐhuà	（名）	strokes of Chinese characters	11
鞭炮	biānpào	（名）	firecracker	5
变	biàn	（动）	to change	3
表达	biǎodá	（动）	to express	5
表示	biǎoshì	（动）	to show; to express	7
表现	biǎoxiàn	（动）	to show	18
表演	biǎoyǎn	（动）	to perform	7
濒于	bīnyú	（动）	to be on the brink of	12
并	bìng	（副）	used before a negative for emphasis, usu. as a retort	10
播放	bōfàng	（动）	to broadcast	4
播音员	bōyīnyuán	（名）	announcer	8
不但……而且……	búdàn…érqiě…	（连）	not only...but also...	1
不管……都……	bùguǎn…dōu…	（连）	no matter how	8
不满	bùmǎn	（形）	dissatisfied	13
不像话	bú xiànghuà		unreasonable; outrageous	6
不幸	búxìng	（形）	sad; unfortunate	13
不由得	bùyóude	（副）	can't help	14

C

采	cǎi	（动）	to pick	2
参观	cānguān	（动）	to visit	1
残废	cánfèi	（动）	disabled; to be crippled	16
操场	cāochǎng	（名）	sports ground	8
草书	cǎoshū		*a style of calligraphy*	11
草药	cǎoyào	（名）	medicinal herbs	2

侧	cè	(名)	side	10
测量	cèliáng	(动)	to determine	2
曾经	céngjīng	(副)	ever; once	2
查	chá	(动)	to look up; to consult	9
差别	chābié	(名)	difference	11
场所	chǎngsuǒ	(名)	place	9
超过	chāoguò	(动)	to surpass	7
吵架	chǎojià	(动)	to quarrel	18
车祸	chēhuò	(名)	traffic accident	13
沉重	chénzhòng	(形)	heavy	18
称	chēng	(动)	to call	11
成语	chéngyǔ	(名)	idiom	3
吃惊	chī jīng		to be shocked	18
池	chí	(名)	pool	12
持续	chíxù	(动)	to continue	15
充满	chōngmǎn	(动)	to be full of	8
冲	chōng	(动)	to flush; to wash	12
重	chóng	(副)	again	7
虫子	chóngzi	(名)	worm; insect	12
重新	chóngxīn	(副)	again	18
出世	chūshì	(动)	to be born	9
初	chū	(名)	at the beginning of	1
除了……以外	chúle…yǐwài		except; besides	5
除夕	chúxī	(名)	New Year's Eve	5
楚国	Chǔguó		the Chu State	3
处理	chǔlǐ	(动)	to handle	12
船只	chuánzhī	(名)	shipping	17
窗帘	chuānglián	(名)	(window) curtain	6
春节	Chūn Jié	(名)	the Spring Festival	5
刺	cì	(动)	to stab; to prick	3
从来	cónglái	(副)	from the past till the present	17
从事	cóngshì	(动)	to go in for; to do	15
匆忙	cōngmáng	(形)	hasty; in a hurry	8
粗略	cūluè	(形)	rough; not accurate	7

粗野	cūyě	（形）	rough; crude	18
催	cuī	（动）	to urge; to hurry	6
村庄	cūnzhuāng	（名）	village	17
存(款)	cún (kuǎn)	（动）	to deposit (money)	1

D

答应	dāying	（动）	to promise; to agree	7
打败	dǎbài	（动）	to defeat; to beat	17
打击	dǎjī	（动）	blow; to strike	15
大成殿	Dàchéngdiàn		the Dacheng Hall	7
大熊猫	dàxióngmāo	（名）	panda	12
呆	dāi	（动）	to be dumbstruck	16
代替	dàitì	（动）	to take the place of	2
诞辰	dànchén	（名）	birthday	7
淡薄	dànbó	（形）	thin; faint	8
导游	dǎoyóu	（名）	tour guide	7
岛	dǎo	（名）	island	17
倒霉	dǎoméi	（形）	rough luck	6
到达	dàodá	（动）	to arrive	7
到底	dàodǐ	（副）	after all; on earth	3
盗窃	dàoqiè	（动）	to steal	18
得意洋洋	déyì yángyáng		jauntiness	3
登	dēng	（动）	to climb	2
滴	dī	（名、量）	drop; *a measure word*	16
地板	dìbǎn	（名）	floor board	16
殿堂	diàntáng	（名）	hall; palace	7
调查	diàochá	（动）	to investigate	12
掉	diào	（动）	to drop; to fall	12
订	dìng	（动）	to book (a ticket)	15
定居	dìngjū	（动）	to settle down	17
东莞	Dōngguǎn		*name of a place*	17
动身	dòng shēn		to set out	7
都市	dūshì	（名）	city; metropolis	4

独特	dútè	(形)	unique	9
度	dù	(动)	to spend	6
端	duān	(动)	to carry in hand	5
段	duàn	(量)	a measure word (period; section)	2
兑换	duìhuàn	(动)	to exchange	1
盾	dùn	(名)	shield	3
多样化	duōyànghuà	(形)	to diversify	5
夺	duó	(动)	to take by force	3
躲	duǒ	(动)	to evade; to avoid	18

F

发	fā	(动)	to utter; to express	10
发表	fābiǎo	(动)	to publish	16
发达	fādá	(形)	developed	17
发明	fāmíng	(动)	to invent	11
发生	fāshēng	(动)	to happen	16
发笑	fāxiào	(动)	to laugh	3
翻	fān	(动)	to turn	9
烦恼	fánnǎo	(动)	worry; to be worried	13
反光镜	fǎnguāngjìng	(名)	reflector	4
犯罪	fànzuì	(动)	to commit a crime	18
方便	fāngbiàn	(形)	convenient	1
方式	fāngshì	(名)	way; means	15
方向盘	fāngxiàngpán	(名)	steering wheel	4
方正	fāngzhèng	(形)	upright and foursquare	11
防盗门	fángdàomén	(名)	the door of guard against theft	18
飞快	fēikuài	(形)	very fast	13
废水	fèishuǐ	(名)	waste water	12
肺	fèi	(名)	lung	2
费	fèi	(动)	to cost	11
份	fèn	(量)	a measure word	5
丰富	fēngfù	(形、动)	rich; to enrich	11
锋利	fēnglì	(形)	sharp	3

否则	fǒuzé	（连）	otherwise; if not	13
扶	fú	（动）	to support sb. by arm	2
幅	fú	（量）	*a measure word*	11
浮雕	fúdiāo	（名）	embossment	7
附近	fùjìn	（名）	nearby	10
复杂	fùzá	（形）	complicated	9

G

改	gǎi	（动）	to change	7
干脆	gāncuì	（形）	simple and straight forward	12
赶	gǎn	（动）	to be in a hurry to go to some place	13
敢	gǎn	（动）	to dare	7
感动	gǎndòng	（动）	to move; to touch	10
刚……就……	gāng…jiù…		no sooner...than, as soon as	8
港口	gǎngkǒu	（名）	port; harbour	17
港湾	gǎngwān	（名）	harbour	17
高级	gāojí	（形）	high-grade	18
高强	gāoqiáng	（形）	excel in	17
各	gè	（代）	every	11
根	gēn	（量）	*a measure word*	3
跟	gēn	（动）	to follow	4
更新	gēngxīn	（动）	to renew; to replace	15
工笔画	gōngbǐhuà		traditional Chinese painting characterized by fine brush-work and close attention to detail	11
工整	gōngzhěng	（形）	neatly	11
公共	gōnggòng	（形）	public	9
功能	gōngnéng	（名）	function	2
孤儿	gū'ér	（名）	orphan	4
骨折	gǔzhé	（动）	(arms, legs) to be fractured	16
鼓	gǔ	（动）	to rouse; to pluck up	16

故宅	gùzhái	（名）	former residence	7
顾	gù	（动）	to take into consideration	5
瓜子儿	guāzǐr	（名）	melon seeds	13
挂	guà	（动）	to hang up	11
挂号信	guàhàoxìn	（名）	registered letter	1
挂念	guàniàn	（动）	to worry about; to miss	18
挂钟	guàzhōng	（名）	wall clock	6
拐	guǎi	（名）	stick	16
拐弯(儿)	guǎiwān(r)		to turn a corner	10
怪不得	guàibude	（副）	so that's why	2
关心	guānxīn	（动）	to care for	1
关于	guānyú	（介）	about	17
观看	guānkàn	（动）	to enjoy	2
管理	guǎnlǐ	（动）	to manage	12
光	guāng	（形）	nothing left	3
广东	Guǎngdōng		Guangdong Province	17
国画	guóhuà	（名）	traditional Chinese painting	11

H

含	hán	（动）	with (tears in eyes)	4
好处	hǎochu	（名）	benefit	2
好奇	hàoqí	（形）	curious	4
和……有关系	hé…yǒuguānxi		to have sth. to do with	15
贺卡	hèkǎ	（名）	congratulatory card	5
黑漆漆	hēiqīqī	（形）	very dark	16
哼	hēng	（动）	to hum	4
红灯	hóngdēng	（名）	red light	13
红绫	hónglíng	（名）	red silk	7
洪亮	hóngliàng	（形）	loud and clear	14
忽视	hūshì	（动）	to ignore	8
胡同	hútòng	（名）	lane; bystreet	10
壶	hú	（名）	noun	3
护士	hùshi	（名）	nurse	13

生词总表

划	huá	（动）	to scratch	10
环境	huánjìng	（名）	environment	12
环绕	huánrǎo	（动）	to surround	10
缓缓	huǎnhuǎn	（副）	slowly	4
慌忙	huāngmáng	（形）	hurried	14
慌张	huāngzhāng	（形）	flurried	14
皇帝	huángdì	（名）	emperor	7
黄昏	huánghūn	（名）	dusk	6
挥	huī	（动）	to wave	14
绘画	huìhuà	（名）	painting	11
活动	huódòng	（名）	activity	7
活儿	huór	（名）	work	4
货币	huòbì	（名）	currency	1

J

几乎	jīhū	（副）	nearly; almost	14
讥笑	jīxiào	（动）	to sneer at	12
吉利	jílì	（形）	lucky	6
吉他	jítā	（名）	guitar	8
集中	jízhōng	（动）	to put together	17
计	jì	（名）	idea; plan	13
纪念	jìniàn	（动、名）	to commemorate; commemoration	7
忌讳	jìhuì	（名）	taboo	6
技巧	jìqiǎo	（名）	skill	11
季节	jìjié	（名）	season	8
既……又……	jì…yòu…	（连）	both...and; as well as	2
寂静	jìjìng	（形）	quiet; silent	15
寄	jì	（动）	to post	1
祭拜	jìbài	（动）	to hold a memorial ceremony for	7
祭祀	jìsì	（动）	to offer sacrifice to ancestry	3
家	jiā	（量）	*a measure word*	1
加拿大	Jiānádà		Canada	5

239

加强	jiāqiáng	(动)	to strengthen	12
家族	jiāzú	(名)	kindred; family	9
驾驶室	jiàshǐshì	(名)	cab	4
假装	jiǎzhuāng	(动)	to pretend	13
尖利	jiānlì	(形)	sharp	10
坚强	jiānqiáng	(形)	strong; firm	16
坚硬	jiānyìng	(形)	hard; strong	3
肩	jiān	(名)	shoulder	14
检验	jiǎnyàn	(动)	to examine	13
简化	jiǎnhuà	(动)	to simplify	11
简直	jiǎnzhí	(副)	simply; at all	13
建	jiàn	(动)	to build	7
渐渐	jiànjiàn	(副)	gradually; little by little	8
交	jiāo	(动)	to make (friends)	1
交流	jiāoliú	(动)	to exchange; to interflow	8
交替	jiāotì	(动)	to replace	5
交通	jiāotōng	(名)	traffic	16
郊区	jiāoqū	(名)	suburbs	12
郊游	jiāoyóu	(名、动)	to go for an excursion	10
饺子	jiǎozi	(名)	dumpling (with meat and vegetable stuffing)	5
叫卖	jiàomài	(动)	to huckster	3
教学	jiāoxué	(动)	to teach; teaching	1
教训	jiàoxun	(动)	to teach sb. a lesson	18
接受	jiēshòu	(动)	to receive	15
结果	jiéguǒ	(名)	result	3
解释	jiěshì	(动)	to explain	2
借	jiè	(动)	to borrow	1
仅仅	jǐnjǐn	(副)	only	3
尽管	jǐnguǎn	(副、连)	not hesitate to; although	9
尽管…… 但是……	jǐnguǎn… dànshì…	(连)	even though...but...	10
惊慌	jīnghuāng	(形)	alarmed; scared	4

精力	jīnglì	（名）	energy; vigour	8
竞选	jìngxuǎn	（动）	to enter into an election contest	14
竟然	jìngrán	（副）	unexpectedly	16
居民	jūmín	（名）	inhabitant	17
举	jǔ	（动）	to raise	5
举行	jǔxíng	（动）	to hold	7
拒绝	jùjué	（动）	to refuse	18
决心	juéxīn	（名）	determination	15

K

卡里	Kǎlǐ		name of a person	5
楷书	kǎishū		regular script	11
棵	kē	（量）	a measure word	17
可惜	kěxī	（形）	it's a pity	13
渴望	kěwàng	（动）	to thirst for	14
刻	kè	（动）	to carve	7
客厅	kètīng	（名）	drawing room	13
课间	kèjiān	（名）	break	9
孔府	Kǒngfǔ		the Kong Mansion	7
孔林	Kǒnglín		the Kong Cemetery	7
孔庙	Kǒngmiào		the Kong Temple	7
恐怕	kǒngpà	（副）	to be afraid; perhaps	18
口儿	kǒur	（名）	entrance	10
哭丧着脸	kūsāngzhe liǎn		with displeasure written on one's face	10
窟窿	kūlong	（名）	hole	12
苦闷	kǔmèn	（形）	depressed	14
夸	kuā	（动）	to overstate; to praise	3
狂	kuáng	（形）	unruly and unrestrained	11
扩建	kuòjiàn	（动）	to extend	7

L

腊月	làyuè	（名）	the twelfth month of the lunar year	5

来不及	lái bu jí		there's not enough time to do sth.	4
来历	láilì	（名）	origin; past history	5
来去匆匆	láiqù cōngcōng		in a hurry to go on a trip	5
来往	láiwǎng	（动）	to go and come	17
来源	láiyuán	（名）	source; origin	17
拦	lán	（动）	to block; to hold back	4
劳改	láogǎi	（动）	to reform of criminals through labour	18
牢骚	láosāo	（名）	discontent; complaint	10
老伴儿	lǎobànr	（名）	(of an old married couple) husband or wife	6
老实	lǎoshi	（形）	honest	12
老是	lǎoshì	（副）	always	4
潦草	liáocǎo	（形）	hasty and careless	11
泪水	lèishuǐ	（名）	tear	4
冷门(儿)	lěngmén(r)	（名）	a profession, trade or branch of learning which receives little attention	15
冷清	lěngqīng	（形）	lonely	6
黎明	límíng	（名）	dawn; daybreak	4
理想	lǐxiǎng	（名、形）	ideal; perfect	15
隶书	lìshū		*an ancient style of calligraphy*	11
怜爱	lián'ài	（动）	to have tender affection for	10
恋爱	liàn'ài	（动）	to love	8
聊天儿	liáotiānr	（动）	to chat	9
临时工	línshígōng	（名）	temporary worker	18
灵活	línghuó	（形）	flexible	8
领	lǐng	（动）	to get; to receive	14
另	lìng	（形）	other; another	3
刘丽	Liú Lì		*name of a person*	13
流畅	liúchàng	（形）	easy and smooth	14

生词总表

流行	liúxíng	(形)	popular	11
龙	lóng	(名)	dragon	7
旅途	lǚtú	(名)	journey; trip	18
乱	luàn	(形)	in disorder; messy	14

M

马虎	mǎhu	(形)	careless	8
马上	mǎshàng	(副)	at once	6
埋头苦读	máitóu kǔdú		to bury oneself in books	15
迈	mài	(动)	to step; to stride	18
漫步	mànbù	(动)	to ramble; to stroll	15
漫话	mànhuà	(动)	to have informal discussion	5
忙碌	mánglù	(形)	busy	15
矛	máo	(名)	spear	3
美丽	měilì	(形)	beautiful	9
闷葫芦	mèn húlu	(名)	man of few words; taciturn person	13
秘方	mìfāng	(名)	secret recipe	2
面粉	miànfěn	(名)	flour	6
面条	miàntiáo	(名)	noodles	6
妙	miào	(形)	wonderful	13
灭	miè	(动)	to go out (for a light)	16
灭绝	mièjué	(动)	to become extinct	12
名胜古迹	míngshèng gǔjì		scenic spots and historical sites	1
明代	Míngdài		the Ming Dynasty	7
明确	míngquè	(形)	clear and definite	15
摸	mō	(动)	to feel; to touch	4
模子	múzi	(名)	mould	8
末年	mònián	(名)	last years of a dynasty	17
默默	mòmò	(副)	silently	16
某	mǒu	(代)	certain	12
目标	mùbiāo	(名)	aim	15
目的地	mùdìdì	(名)	destination	7

沐浴	mùyù	(动)	to bathe	4

N

内容	nèiróng	(名)	content	1
耐烦	nàifán	(形)	patient	6
嫩	nèn	(形)	tender	12
年糕	niángāo	(名)	New Year's cake (made of glutinous rice flour)	5
农场	nóngchǎng	(名)	farm	18
农药	nóngyào	(名)	agricultural chemical	12
弄	nòng	(动)	to handle; to do	8
怒气冲冲	nùqì chōngchōng		very angry	16

P

拍	pāi	(动)	to pat	14
判刑	pànxíng	(动)	to sentence	18
陪	péi	(动)	to accompany	7
陪伴	péibàn	(动)	to keep sb. company	16
佩服	pèifú	(动)	to admire	13
碰	pèng	(动)	to knock (against)	10
批	pī	(量)	*a measure word*	12
片	piàn	(量)	*a measure word*	15
漂亮	piàoliang	(形)	beautiful	1
平时	píngshí	(名)	at ordinary times	8
平信	píngxìn	(名)	ordinary letter	1

Q

期望	qīwàng	(名)	expectation	9
其中	qízhōng	(名)	among; in	1
启事	qǐshì	(名)	notice	14
起名字	qǐ míngzi		to give sb. a name	9
气氛	qìfēn	(名)	atmosphere	8
乾隆皇帝	Qiánlóng huángdì		the Emperor Qianlong	7

强烈	qiángliè	（形）	strong; intense	18
抢救	qiǎngjiù	（动）	to rescue	13
瞧	qiáo	（动）	to look	7
亲朋	qīnpéng	（名）	relatives and friends	9
亲自	qīnzì	（副）	personally	2
清	qīng	（形）	clear	12
清代	Qīngdài		the Qing Dynasty	7
清新	qīngxīn	（形）	pure and fresh	4
庆祝	qìngzhù	（动）	to celebrate	7
求婚	qiúhūn	（动）	to make an offer of marriage	10
区别	qūbié	（名）	difference	9
曲阜	Qūfù		*name of a city*	7
曲子	qǔzi	（名）	musical composition	8
取 (款)	qǔ (kuǎn)	（动）	to draw (money)	1
劝	quàn	（动）	to advise; to try to persuade	10
却	què	（副）	but	12
确实	quèshí	（副、形）	really	7

R

燃放	ránfàng	（动）	to set off (fireworks, etc.)	5
热烈	rèliè	（形）	warm	14
热情	rèqíng	（形）	warm	1
热心	rèxīn	（形）	warmhearted	13
忍不住	rěn bu zhù		cannot help (doing something)	4
认	rèn	（动）	to identify	11
任何	rènhé	（形）	any	14
扔	rēng	（动）	to throw	16
仍然	réngrán	（副）	still; yet	10
如果	rúguǒ	（连）	if	2
入迷	rùmí	（动）	to be fascinated	8

S

洒	sǎ	（动）	to sprinkle	4

散步	sànbù	(动)	to go for a walk	1
嫂子	sǎozi	(名)	sister-in-law; elder brother's wife	5
沙发	shāfā	(名)	sofa	8
沙石	Shāshí		name of a place	17
山脚	shānjiǎo	(名)	foot of mountain	2
山崖	shānyá	(名)	cliff	10
扇	shān	(名)	fan	16
善待	shàndài	(动)	to treat well	12
善良	shànliáng	(形)	kind	14
伤心	shāngxīn	(形)	grieved; broken-hearted	10
蛇	shé	(名)	snake	3
深	shēn	(形)	deep	7
神态	shéntài	(名)	expression	11
生动	shēngdòng	(形)	lively; vivid	11
生意	shēngyi	(名)	business; trade	6
圣迹殿	Shèngjìdiàn		name of a hall	7
盛产	shèngchǎn	(动)	to be rich in sth.	17
失败	shībài	(名)	failure	14
诗词	shīcí	(名)	poems and poetry	9
十字路口	shí zì lùkǒu		crossroads	13
石柱	shízhù	(名)	stone pillar	7
时刻	shíkè	(名)	time; moment	8
拾	shí	(动)	to pick up	16
使劲儿	shǐjìnr		to exert all one's strength	4
事故	shìgù	(名)	accident	16
适合	shìhé	(动)	to suit	17
适应	shìyìng	(动)	to adapt to	15
释放	shìfàng	(动)	to release; to set free	18
收工	shōu gōng		to stop work for the day	4
收集	shōují	(动)	to collect	17
收拾	shōushi	(动)	to put in order	15
手指	shǒuzhǐ	(名)	finger	8
首先	shǒuxiān	(副)	at first	1
瘦	shòu	(形)	thin	2

书法	shūfǎ	（名）	calligraphy	11
舒服	shūfu	（形）	comfortable; well	2
书籍	shūjí	（名）	books	1
舒适	shūshì	（形）	comfortable	6
蔬菜	shūcài	（名）	vegetable	12
熟悉	shúxī	（动）	to know well	1
数	shǔ	（动）	to count	15
束	shù	（量）	a measure word	5
树枝	shùzhī	（名）	branch	3
水质	shuǐzhì	（名）	water quality	17
说明	shuōmíng	（动）	to show; to explain	2
寺庙	sìmiào	（名）	temple	10
宋代	Sòngdài		the Song Dynasty	17
诉说	sùshuō	（动）	to tell; to relate	13
算了	suànle		to let it be; to forget it	6
随	suí	（动）	to follow	4
孙女儿	sūnnǚr	（名）	granddaughter	6
锁	suǒ	（名、动）	lock; to lock	18

T

踏	tā	（动）	to step on; to tread	18
弹	tán	（动）	to play (a stringed musical instrument)	8
躺	tǎng	（动）	to lie	6
逃	táo	（动）	to run away; to escape	4
桃子	táozi	（名）	peach	6
淘汰	táotài	（动）	to eliminate through selection or competition; to fall into disuse	15
特地	tèdì	（副）	for a special purpose	5
特快专递	tèkuài zhuāndì		express special mail	1
特意	tèyì	（副）	for a special purpose	6
提	tí	（动）	to raise	8
提前	tíqián	（副）	ahead of time; in advance	18

提议	tíyì	（动）	to suggest	3
体格	tǐgé	（名）	physique	13
天花板	tiānhuābǎn	（名）	ceiling	16
添	tiān	（动）	to add	3
条	tiáo	（量）	*a measure word*	3
条件	tiáojiàn	（名）	requirements; condition	14
贴	tiē	（动）	to put up	14
铁链	tiěliàn	（名）	iron chain	10
挺	tǐng	（副）	very	13
通过	tōngguò	（介）	by way of	15
通知	tōngzhī	（动）	to give notice	13
同伴	tóngbàn	（动）	companion	6
痛快	tòngkuài	（形）	delighted; without hesitation	7
突出	tūchū	（形）	outstanding	18
团伙	tuánhuǒ	（名）	group; organization	18
团聚	tuánjù	（动）	to reunite	5
推	tuī	（动）	to push	4

W

弯	wān	（动）	to bend	16
万分	wànfēn	（副）	extremely; very much	16
往往	wǎngwǎng	（副）	frequently	13
望	wàng	（动）	to look over	10
危险	wēixiǎn	（名、形）	danger; dangerous	13
微微	wēiwēi	（副）	faintly	14
位子	wèizi	（名）	seat	6
温暖	wēnnuǎn	（形）	warm	8
闻名	wénmíng	（形）	to be well known; famous	17
翁	wēng	（名）	old man	2
卧	wò	（动）	to lie	2
握	wò	（动）	to hold; to grasp	4
污染	wūrǎn	（动、名）	to pollute; pollution	5
无聊	wúliáo	（形）	bored	8
武艺	wǔyì	（名）	martial arts	17

生词总表

捂	wǔ	(动)	to cover	6
误会	wùhuì	(名)	misunderstanding	9

X

吸引	xīyǐn	(动)	to attract; to fascinate	10
稀少	xīshǎo	(形)	few; rare	4
稀有	xīyǒu	(形)	rare	12
溪	xī	(名)	small stream	17
习惯	xíguàn	(动)	to get used to	1
洗漱	xǐshù	(动)	to wash and gargle	6
侠	xiá	(名)	a person adept in martial arts and given to chivalrous conduct (in olden times)	17
先后	xiānhòu	(副)	successively	2
鲜花	xiānhuā	(名)	fresh flowers	5
显得	xiǎnde	(动)	to look like; to appear	6
现象	xiànxiàng	(名)	phenomenon	9
相传	xiāngchuán	(动)	according to legend	2
相同	xiāngtóng	(形)	identical; the same	8
香港	Xiānggǎng		Hong Kong	17
香姑	Xiānggū		*name of a person*	17
香甜	xiāngtián	(形)	fragrant and sweet	17
响亮	xiǎngliàng	(形)	loud and clear	4
想像力	xiǎngxiànglì	(名)	imagination	11
象形文字	xiàngxíng wénzì		pictograph	11
像……一样	xiàng…yíyàng		to look like as	7
消失	xiāoshī	(动)	to disappear	10
小摊儿	xiǎotānr	(名)	stall	12
小子	xiǎozi	(名)	bloke; fellow	18
效果	xiàoguǒ	(名)	effect	2
写意画	xiěyìhuà		freehand brushwork in traditional Chinese painting by vivid expression and bold outline	11

249

心理	xīnlǐ	(名)	mentality; psychology	14
心软	xīnruǎn	(动)	to be softhearted	18
心声	xīnshēng	(名)	heartfelt wishes	12
心态	xīntài	(名)	psychology; mentality	15
新鲜	xīnxiān	(形)	fresh	12
信心	xìnxīn	(名)	confidence	14
兴起	xīngqǐ	(动)	to rise	15
行书	xíngshū	(名)	a style of calligraphy	11
行装	xíngzhuāng	(名)	pack; luggage	15
形	xíng	(名)	form; shape	9
形体	xíngtǐ	(名)	shape	11
醒	xǐng	(动)	to wake up; to be awake	6
杏坛	Xìngtán		the place where Confucius gave lectures	7
幸福	xìngfú	(名)	happiness	9
学问	xuéwèn	(名)	learning	11
寻找	xúnzhǎo	(动)	to look for	10

Y

严格	yángé	(形)	strict	9
严重	yánzhòng	(形)	serious	2
眼圈儿	yǎnquānr	(名)	eye socket; rim of the eye	10
养活	yǎnghuo	(动)	to support; to feed	14
腰	yāo	(名)	waist	16
摇	yáo	(动)	to shake	4
咬	yǎo	(动)	to bite	12
业	yè	(名)	business	17
一般	yìbān	(形)	ordinary; common; usually	5
以为	yǐwéi	(动)	to think; to consider	10
义	yì	(名)	meaning	9
意料	yìliào	(动)	to expect	15

意义	yìyì	（名）	meaning	9
阴沉沉	yīnchénchén	（形）	cloudy; gloomy	6
引起	yǐnqǐ	（动）	to cause	9
饮料	yǐnliào	（名）	drink	1
饮用	yǐnyòng	（动）	to drink	17
印章	yìnzhāng	（名）	seal; signet	11
应该	yīnggāi	（动）	should	9
应邀	yìngyāo	（动）	at sb's invitation	11
迎接	yíngjiē	（动）	to meet; to welcome	1
影子	yǐngzi	（名）	shadow; trace	4
勇气	yǒngqì	（名）	courage	16
优秀	yōuxiù	（形）	excellent	14
幽默	yōumò	（形）	humorous	12
悠久	yōujiǔ	（形）	long	9
由来	yóulái	（名）	origin	17
犹豫	yóuyù	（动）	to hesitate	14
游戏	yóuxì	（名）	game	8
有趣	yǒuqù	（形）	interesting	2
于是	yúshì	（连）	thereupon; hence	8
御碑亭	Yùbēitíng		name of pavilions	7
原来	yuánlái	（名、副）	original; so that's how it is	4
阅	yuè	（动）	to read	1
乐曲	yuèqǔ	（名）	musical composition	4
越……越……	yuè...yuè...		the more..., the more...	15
越来越	yuè lái yuè		more and more	4
越南	Yuènán		Viet Nam	17
允许	yǔnxǔ	（动）	to permit	5
运	yùn	（动）	to carry	17

Z

糟糕	zāogāo	（形）	bad	14
灶神	zàoshén	（名）	kitchen god	5
则	zé	（量）	a measure word	3

增长	zēngzhǎng	（动）	to increase	15
增加	zēngjiā	（动）	to increase	2
盏	zhǎn	（量）	*a measure word*	16
占	zhàn	（动）	to take; to occupy and use	8
掌声	zhǎngshēng	（名）	applause	14
掌握	zhǎngwò	（动）	to know well; to grasp	15
招聘	zhāopìn	（动）	to advertise for	14
哲学	zhéxué	（名）	philosophy	15
珍贵	zhēnguì	（形）	valuable	12
真诚	zhēnchéng	（形）	sincere; true	14
枕头	zhěntou	（名）	pillow	16
只	zhī	（量）	*a measure word*	3
只好	zhǐhǎo	（副）	have to	8
治(病)	zhì (bìng)	（动）	to make a diagnosis and give treatment	2
中心	zhōngxīn	（名）	centre	13
中毒	zhòng dú		to get poisoned	12
种	zhòng	（动）	to plant	1
种植	zhòngzhí	（动）	to plant; to grow	17
周芳	Zhōufāng		*name of a person*	13
烛光	zhúguāng	（名）	candlelight	8
逐渐	zhújiàn	（副）	gradually	2
主意	zhǔyi	（名）	idea	13
拄	zhǔ	（动）	to lean on (a stick)	16
嘱咐	zhǔfù	（动）	to exhort; to enjoin	10
注重	zhùzhòng	（动）	lay stress on; to pay attention to	11
转	zhuǎn	（动）	to turn; to change	17
篆书	zhuànshū		*a style of calligraphy*	11
装	zhuāng	（动）	to load; to pack	17
壮大	zhuàngdà	（动）	to grow in strength	15
准备	zhǔnbèi	（动）	to prepare; preparation	14
仔细	zǐxì	（形）	careful	2
自	zì	（介）	from	1

生词总表

自然	zìrán	（名）	nature	12
租	zū	（动）	to rent	16
足	zú	（名）	foot	3
足够	zúgòu	（形）	enough	14
族	zú	（名）	group	15
祖传	zǔchuán	（动）	handed down from one's ancestors	2
祖宗	zǔzōng	（名）	ancestry; forefathers	3
座	zuò	（量）	*a measure word*	1
做客	zuò kè		to be a guest	11

单元练习参考答案

单元练习一（第1—3课）

一、
(1) B (2) B (3) C (4) A (5) D
(6) C (7) B (8) C (9) B (10) B

二、
(1) b (2) d (3) c (4) a (5) c
(6) b (7) c (8) a (9) c (10) d
(11) a (12) c (13) c (14) a (15) a

三、
(1) 位 (2) 家 (3) 座 (4) 段 (5) 只
(6) 名 (7) 本 (8) 条 (9) 根 (10) 壶

六、
(1) 一位老师 (2) 桌子上 (3) 挂着 (4) 几名新学生
(5) 飞来 (6) 今天 (7) 办公室里 (8) 很多汽车
(9) 走了 (10) 一辆公共汽车

七、
(1) 习惯 (2) 兑换 (3) 关心 (4) 画 (5) 添
(6) 留 (7) 熟悉 (8) 夸 (9) 提议 (10) 说明

单元练习二（第4—6课）

一、
(1) B (2) D (3) C (4) D (5) B
(6) B (7) C (8) C (9) B (10) C

二、
(1) c (2) a (3) c (4) b (5) c
(6) b (7) a (8) c (9) a (10) d

| (11) b | (12) c | (13) b | (14) a | (15) a |
| (16) a | (17) d | (18) a | (19) c | (20) b |

六、
| (1) 首 | (2) 辆 | (3) 条 | (4) 段 | (5) 种 |
| (6) 身 | (7) 口 | (8) 碗 | (9) 束 | (10) 座 |

七、
| (1) 错 | (2) 错 | (3) 对 | (4) 错 | (5) 对 |
| (6) 错 | (7) 对 | (8) 对 | (9) 错 | (10) 错 |

单元练习三（第7—9课）

一、
(1) C	(2) B	(3) B	(4) A	(5) B
(6) C	(7) B	(8) D	(9) D	(10) D
(11) D	(12) C	(13) B	(14) C	(15) C

二、

（一）
| (1) 过 | (2) 了……了 | (3) 着 |
| (4) 着……着 | (5) 过 | (6) 过 |

（二）
| (1) 得 | (2) 地 | (3) 地 |
| (4) 得 | (5) 的 | (6) 地 |

（三）
| (1) 能/可以 | (2) 要 | (3) 该 |
| (4) 应该 | (5) 会 | (6) 用 |

七、
(1) 遍	(2) 次/回	(3) 眼/下	(4) 下
(5) 下	(6) 口/下	(7) 下/趟	(8) 遍
(9) 次/回	(10) 遍/回/次		

单元练习四（第10—12课）

一、
(1) b (2) c (3) b (4) c (5) b
(6) d (7) a (8) b (9) a (10) c
(11) b (12) b (13) b (14) a (15) b

二、
(1) B (2) C (3) D (4) C (5) B
(6) B (7) B (8) C (9) C (10) B

四、
(1) 去 (2) 来 (3) 来
(4) 去 (5) 来 (6) 出来……进去/回去
(7) 出……去/来 (8) 下……来 (9) 进……去/来
(10) 回来

八、
(1) 划 (2) 劝 (3) 发 (4) 抬
(5) 停 (6) 摆……挂 (7) 冲 (8) 咬
(9) 刻 (10) 扶 (11) 碰 (12) 费

单元练习五（第13—15课）

一、
(1) b (2) d (3) c (4) a (5) b
(6) c (7) b (8) c (9) d (10) c
(11) b (12) d (13) a (14) c (15) c

三、
(1) D (2) B (3) C (4) A (5) C
(6) C (7) D (8) D (9) C (10) A

四、
(1) 烦 (2) 佩 (3) 养 (4) 糕 (5) 留
(6) 亮 (7) 目 (8) 够 (9) 豫 (10) 打

六、

    （1）安慰安慰　　　　（2）数了数　　　　（3）听听　看看　见见面

七、

    （1）一棵一棵　　　　（2）一本一本　　　　（3）一支一支

    （4）一台一台　　　　（5）一遍一遍

九、

    （1）b　　　（2）a　　　（3）b　　　（4）a　　　（5）a

十、

    （1）我昨天晚上不小心把饭店的酒杯打破了。

    （2）他又胖又矮，同学们开玩笑地称他为"大熊猫"。

    （3）她把一张100元的钱换成两张50元的。

    （4）我一下子想不起来他叫什么名字了。

    （5）公司里的个个问题他都解决得非常好。

单元练习六（第16—18课）

一、

    （1）b　　（2）d　　（3）a　　（4）a　　（5）c

    （6）b　　（7）a　　（8）a　　（9）d　　（10）c

    （11）b　（12）d　（13）a　（14）b　（15）b

    （16）d　（17）a　（18）b　（19）b　（20）c

二、

    （1）c　　（2）d　　（3）b　　（4）a　　（5）c

四、

    （1）带　　（2）盒　　（3）双　　（4）种　　（5）扇

    （6）把　　（7）所　　（8）束　　（9）户　　（10）滴

八、

    （1）B　　（2）D　　（3）C　　（4）C　　（5）D

    （6）D　　（7）C　　（8）D　　（9）D　　（10）B